Wolffs Broschur

Honoré de Balzac

Traumreisen

China und die Chinesen
Reise von Paris nach Java

Herausgegeben, aus dem Französischen
und mit einem Nachwort versehen
von *Ulrich Esser-Simon*

Friedenauer Presse

Inhalt

China und die Chinesen

La Législature, Nr. 80, 14. Oktober 1842

La Législature betrachtet es als wahren Glücksfall, von Herrn de Balzac drei[1] reizvolle Artikel über China erhalten zu haben. Wir möchten sie unseren Lesern unverzüglich präsentieren und heute den ersten dieser Artikel veröffentlichen. Die beiden anderen werden umgehend folgen.

I.

Wenn dieses Buch hier nicht aktuell ist, welches dann? Wären wir nicht das, was wir nun mal sind, nämlich das am wenigsten reisefreudige Volk der Welt, das gleichsam einzige weit und breit, dann würde wahrlich kein Exemplar mehr dort liegen bleiben, wo man für dessen Verkauf verantwortlich ist. Hätte der Autor das Buch in Englisch geschrieben und in London[2] erscheinen lassen, anstatt es in Paris zu publizieren, wäre es an einem einzigen Vormittag aus den Geschäften verschwunden, in denen man es zum Verkauf angeboten hätte. Ein Franzose in China! Ein Künstler! Ein Beobachter! ... Wer ist es? Ach so, er! ... Ein Junge, der sich aus der abgeschiedensten und rückständigsten Gegend Frankreichs aufgemacht hat, ein in Issoudun mitten im Berry[3] geborener Landschaftsmaler. Manchmal nimmt das Schicksal einen absonderlichen Verlauf, so ungezogen wie es ist. Viele meiner Leser werden laut rufen: »Dieser Autor ist nicht in China gewesen!« Nun ja, zugegeben, im Berry zweifelt man noch daran und viele alte Frauen werden dort sterben, ohne jemals geglaubt zu haben, dass ein *Berrichon*[4] China gesehen haben soll.

»Zunächst einmal, warum nach China reisen? Wer hat ihm diese Idee in den Kopf gesetzt?«, fragt man überall im Berry. »Was sollte er dort tun? Und außerdem«, wie einer der fähigsten Köpfe des Landes bemerkt hat, »existiert denn China überhaupt?«

Aha, das ist der springende Punkt bei der Sache, die besonders für mich von ungeheurem Interesse gewesen ist. Meine Kindheit war beseelt von China und den Chinesen dank einer geliebten Person[5], die für dieses fremde Volk schwärmte. Zudem hatte ich seit meinem fünfzehnten Lebensjahr den Pater Du Halde[6], den Abt Grozier[7] – der Vorgänger von Charles Nodier in der Bibliothèque de l'Arsenal[8] – und auch den größten Teil aller mehr oder weniger zusammengelogenen Berichte über China gelesen. Schließlich wusste ich alles, was man theoretisch über China wissen konnte. Aus Widerspruchsgeist entwickelte ich eine dem Menschen als sozialem Wesen innewohnende Lust, die Objekte unschuldiger Leidenschaften eines alten Mannes zu kritisieren. Immer wieder machte ich jene Person wütend, der ich nach den chinesischen Gesetzen einen solch großen Respekt zu zollen hatte, als sei sie fast heilig, quasi göttlich, und der ich folglich mit hellseherischem Scharfsinn beizupflichten hatte, dass China und die Chinesen so sind wie auf den Paravents, den Kaminschirmen, dem kleinen Porzellangeschirr, den großen Vasen und den Gemälden. Meines Erachtens dürfte dieses Volk – seiner Wesensart entsprechend – darauf bedacht sein, nur das abzubilden, was es sieht und wie es dies sieht, denn das Fehlen einer Perspektive hängt zweifellos mit dem Zustand des Auges zusammen. Die Chinesen sind in ihrer Erfindungsgabe statisch geblieben, sie bewahren alles, was sie seit fünfzig Jahrhunderten erreicht haben. Sie hatten sich »Die Chinesen, wie sie sich selbst sehen« schon tausend Jahre vor Curmers[9] angeblicher Idee »Der Franzose, wie er sich selbst sieht« einfallen lassen. Sollte man anderer Ansicht sein, dann wäre das genauso, als hielte man die chinesischen Magot-Figuren[10] für Daguerreotypie-Porträts, was jede Diskussion abrupt beenden würde.

Ach! Frankreich die Wahrheit über China zu vermitteln, kommt mir als eines der größten Verbrechen der Fantasielosigkeit vor. Einer der Männer, auf die ich dabei besonders schlecht zu sprechen bin, ist Jacquemont[11]. Seinerzeit fühlte ich mich elend und mir erschien alles so öde, dass mir jeder Spaß verdorben war; bevor ich Jacquemont las, stürzte ich mich auf Asien, ins Asien der Königin von Golkonda[12], ins Asien des Kalifen von Bagdad, ins Asien von »Tausend-und-einer-Nacht« – das Land der goldenen Träume, das Zentrum aller Geisterwesen und Feenpaläste –, ein Land, wo man laut unseren Ahnen locker gekleidet ging, wo die Hosen aus plissiertem Musselingewebe waren, wo man Ringe an den Füßen trug, wo die Pantoffeln mit nadelgestickten Gedichten verziert waren, man sich Kaschmirstoff um den Kopf wickelte, Gürtel voller Talismane trug, wo der Despotismus seine Märchenspiele wahr werden ließ. Wenn man dem dortigen Herrscher begegnete und seine Aufmerksamkeit mit einem Märchen oder einer Geschichte weckte, dann bekam man nach einer Viertelstunde all das, was man im Europa der Calvins und Luthers (zwei widerlichen Käuzen!) erst dann haben kann, wenn man sich jahrelang im Schlamm oder Staub einer Wahl gewälzt, sich mit hohem Geschwafel auf der Rednertribüne oder in äußerst geisttötenden Wortgefechten durchgeschlagen hat, bei denen Richelieus Genius die Flügel abgefallen wären. Können Sie sich einen Richelieu vorstellen, der daherschwätzt, statt zu handeln? ... Jacquemont hat uns Asien getötet. Dieser Vertreter des Realen hat uns durch Dschungel spazieren geführt, durch verdreckteste, kümmerlichste, armseligste Einöden; Hauptthema seiner Berichte war seine Injektionsspritze; er schwadronierte von den Ruhmestaten Englands, diesem infamen Schluckspecht aller Schätze, den Indien in Ewigkeit verfluchen wird.

In den beiden Bänden von Jacquemont war für mich nur eine Sache interessant, doch sie ist der Trümmerrest meines Asiens, das letzte Relikt der Imperien, die dort entstanden, untergingen und wieder aufgebaut wurden wie Kartenhäuser: Es ist die Bégum oder Bégoun[13], eine alte Deutsche, Elsässerin, Schweizerin oder Französin, die Witwe vieler Nabobs[14], die letzte Märchensultanin mit einem Vermögen von zweihundert Millionen, vor der John Bull[15] platt auf dem Bauch liegt und sich beim Anblick dieser Schatzkammer voller Rupien die Augen zuhält.

Als mir richtig klar wurde, dass Herr A. Borget bis nach China gekommen war, überkam meine Seele ein Gefühl tiefer Traurigkeit. Das wird, sagte ich mir, eine zweite Ausgabe von Jacquemont ... Seid unbesorgt, Ihr Menschen mit Illusionen, Ihr

Träumer, denen die Trübsal noch Kraft genug lässt, um die Elfen-
beinpforten dieses göttlichen Seelenschlummers, den man »Fantasie« nennt, aufzustoßen! So tief hinein nach China ist Herr
A. Borget nicht gekommen! Uns bleibt noch das fantastische, das
absonderliche China! Wegen des Krieges zwischen England und
dem Reich der Mitte ist unser Reisender nicht weiter als acht französische Wegstunden ins Landesinnere von China gelangt. Aber
er ist ein ehrlicher Junge, er hat sie wirklich geschafft, was bisher nur unseren Missionaren gelungen war, die dort auch heute
noch ihre Knochen hinterlassen und Martyrien erleiden, wie man
sie in »La Fleur des Saints«[16] oder in den Werken der Bollandisten[17] beschrieben hat. Erst gestern schrieb mir ein Journalist: »Ich
komme gerade von der Missionsgesellschaft, wo mir ein Zigarre
rauchender, aus Asien zurückgekehrter Pater vom Martyrium
eines meiner Schulkameraden erzählte, einem Jungen so sanft
wie ein Mädchen, dem man Strafarbeiten gab, der neben mir in
der Ecke saß und mit seinem ›De viris‹[18] beschäftigt war, mit dem
ich gespielt hatte, einem kleinen Blondschopf. Ich hatte Schmer-
zen bis in die Haarspitzen, als ich die Schilderung der von ihm
erlittenen Folterqualen hörte – Torturen mit solch einfallsreichen
Misshandlungen, wie sie nur dieses Volk erfinden kann, das darin
die Irokesen und Cherokee noch weit übertrifft und an denen er
am Ende mit einem Lächeln im Gesicht gestorben ist. Damit man
ihn nicht für ohnmächtig hielt, rezitierte er mit lauter Stimme
und voller Inbrunst die Litaneien von der Heiligen Jungfrau: ›Rosa
Mundi! Du elfenbeinerner Turm! Du Morgenstern!‹ ... Als ihm die

Haken in Gedärmen und Herz herumstocherten, sagte er noch mit engelsgleichem Klang: ›Du Meeresstern! ... *Stella maris!* ... ‹«

Ich ging nach Hause und fand *China und die Chinesen* vor. Zweiunddreißig zweifarbig nach den Zeichnungen eines *Berrichon* kolorierte Lithografien, die von einem jungen Mann gefertigt worden waren, der einen von Kunst und Künstlern geschätzten Namen trägt: Cicéri[19]. Jacquemont war kein bildender Künstler, und dies macht ihn unvollständig: Er hat die Dinge nur unter einem Aspekt gesehen. Hätte er mit dem Zeichenstift umgehen können, hätten wir ein zweifarbiges Asien bekommen! ... Von Lithografie zu Lithografie ging mir immer etwas anderes durch den Kopf. Bei der dritten hörte ich tatsächlich wieder das »*Stella maris*« des Schulfreundes von Édouard Ourliac[20]; aber bei der siebten konnte ich ihn nicht mehr hören; bei der zwanzigsten war ich auf den Wassern von China; und bei der dreißigsten konnte ich mir sehr gut vorstellen, dass der König der Franzosen die Widmung in diesem Werk annimmt, dass er die chinesische Landschaft kauft, die wir bei der letzten Ausstellung gesehen haben, und dass er in Sèvres[21] einen runden Tisch in Auftrag gibt, der geschmückt ist mit zwölf Ansichten von China, gemalt auf ihrer Heimat, dem Porzellan!

Unser Reisender aus dem Berry ist der Ansicht, etwas Großartiges geschaffen zu haben! Glauben Sie mir, wenn ich von ihm, seiner Reise und seinem Album erzähle, dann liege ich wohl richtig: Paravents sind Paravents, und der Reisende ist kein Prophet! Ja, es gibt kein anderes China als das China der Magot-Figuren.

Aus der Nähe betrachtet ist China noch unglaublicher, noch fantastischer, als wir es auf unseren Kaminen sehen. Mit seinen an Ort und Stelle geschaffenen Zeichnungen hat uns Herr Borget Kaminschirme, Paravents und ausgefallene Vasen mitgebracht, auf denen die Blumen und Früchte wirklich naturgetreu sind. Jetzt sind wir mitten im Thema. Ja, dieses Volk dreht sich nur um sich selbst, es ändert sich nicht, es ist wirklich das Reich der Mitte. Als er die »Richtige Mitte«[22] erfand, kopierte Louis-Philippe die chinesische Denkweise des Pekinger Kabinetts.

Bevor ich jedoch über das großartige Werk berichte, möchte ich zunächst einen schlagenden Beweis meiner Objektivität liefern, indem ich Ihnen versichere, dass ich es gelesen habe – was nicht alle Kritiker schaffen, die ein Buch besprechen –, und etwas darin bemängele – aber nur eine Kleinigkeit; doch spendieren wir Zerberus[23] für zwei Groschen Kekse, bevor wir einen weiteren Reisenden aus dem Berry in die Hölle der Öffentlichkeit stoßen, denn das Berry hat bereits die »Briefe eines Reisenden«[24], der bloß bis Venedig gekommen ist. Was ich nicht mag, ist die Widmung in diesem Buch, die dem König der Franzosen gilt. An dieser Stelle lärmende Opposition wie *Le Charivari*[25] zu betreiben, ist ein Gedanke, der mir fernliegt! Im Gegenteil, ich sehe in solchen Verständigungen zwischen den Thronen und der Literatur eine irgendwie wundervolle Wechselseitigkeit. Ich trauere jener Zeit nach, als Margarete von Navarra[26] ein Thema für eine gute Geschichte erfand und sie Bandello[27], dem Rivalen von Boccaccio[28], mitteilte, der ihr dann die Erzählung widmete – jener Zeit, als der handschriftliche Brief eines Gelehrten oder Poeten von einem Herrscher genauso hoch geschätzt wurde wie ein Sieg! Hier nun die bereits erwähnte Widmung:

»Sire, indem Ihr die Widmung in diesem Buch akzeptiert, lenken Eure Majestät die allseitige Beachtung darauf. Es möge mir gestattet sein, hiermit Dank zu sagen für Eure erwiesene hohe Gunst und für diesen neuerlichen Beweis Eurer Protektion, welche die eines ebenso weisen Richters wie auch GROSSEN KÖNIGS ist.«

Was besagen will, dass Louis-Philippe ein großer König und weiser Richter ist, weil er die Widmung in »China und die Chinesen« akzeptiert. Nein, Louis-Philippe wird nicht nur aufgrund dieser Tatsache groß sein. Wenn der Autor zum Ausdruck bringen will, dass die Protektion des Königs der Franzosen dem Werk Bedeutung verleiht, dass sie aus einem Nichts eine große Sache macht – wie man es oft bei Ludwig XIV. sagte –, dann empfinde ich diese Schmeicheleien zunächst einmal als Widerspruch zum Fortschritt der Aufklärung; denn sie schaffen ein fatales Privileg für den König der Franzosen, den man – wenn also seine Protektion ein Buch in ein Meisterwerk verwandeln kann – seine Hände auf alle Pestbeulen der Buchhandlungen legen lassen wird. Wenn Gott in seiner Gnade dem König solche Zauberkraft verliehen hätte, dann wäre unsere Literatur die glanzvollste aller Zeiten. Und was für ein Vermögen käme zustande, wenn der Intendant der Zivilliste[29] eine kleine Gebühr verlangen könnte, bevor einem Trottel Verstand zugesprochen und die Widmung in seinem Buch akzeptiert würde. Und welche Freude schließlich für einen König, wenn er all seine Untertanen zu talentierten Menschen machen könnte, so wie Ludwig XVI. sie alle in den Adelsstand erheben wollte!

Wenn der Autor nun seine Widmung ganz anders verstanden wissen will, dann würde deren Aussage einen gewaltigen Dünkel verraten, den wir ihm jedoch nicht unterstellen wollen; denn dann würde Louis-Philippe für ihn deshalb ein großer König und weiser Richter sein, weil er »China und die Chinesen« favorisiert und protegiert. Immer wenn ich als Literat spreche und alle Emotionen zurückstelle, mag ich generell keine Phrasendrescherei in gegenseitigem Einvernehmen, die nur den Autor in Bedrängnis bringt.

Nebenbei gesagt ist die Widmung eine der heikelsten Arbeiten in der Literatur, vor allem heutzutage, da der König der Franzosen *Diener* statt Untertanen hat. Eine gute Widmung zu schreiben ist genauso schwierig wie eine gute Inschrift. Kennen Sie viele gute Inschriften? Ludwig XIV. war erschüttert von den Albernheiten Charpentiers[30]. Um bessere zu bekommen, rief er die Académie des Inscriptions et Belles-Lettres[31] ins Leben, der man allerdings keine einzige Inschrift verdankt. Die Inschrift ist die Widmung auf einem Denkmal, so wie die Widmung die Inschrift in einem Buch ist. Als Porporati[32] seinen Kupferstich vom Tod Abels nach einem Gemälde von irgendeinem Maler geschaffen hatte, wandte er sich an die Académie Française, an die Académie des Inscriptions et Belles-Lettres und schließlich an viele andere, um eine Zeile zu bekommen, die er unter seinen Kupferstich setzen konnte.

Darauf legte der Künstler Wert, dies hatte er sich in den Kopf gesetzt. Eine unglückselige Passion, denn niemand ließ sich eine zufriedenstellende Inschrift einfallen. Schließlich wandte er sich in seiner Verzweiflung an Diderot[33]. Mit seiner üblichen Impulsivität muss Diderot zu ihm ungefähr Folgendes gesagt haben: »Eine Inschrift? ... Das ist der Blitz, dessen Strahl Genie heißt! Und man braucht dazu Mut! Man braucht die Erleuchtung des Geistes und zugleich den Tonfall einer großen Seele! ... Ich bin nicht so anmaßend, mich für begabt genug zu halten, Ihnen eine schöne Inschrift fertigen zu können. Lassen Sie sich nicht entmutigen! ... Besuchen Sie J.-J. Rousseau![34]« Porporati ging zu Rousseau, und Jean-Jacques sagte zu ihm: »Eine Inschrift, mein Herr? Aber dafür braucht man sechs Monate! Eine Inschrift? So etwas steigt vom Himmel herab ... Kommen Sie in sechs Monaten wieder! So Gott will, werden Sie eine bekommen!« Porporati wartete sechs Monate, und er bekam eines der Meisterwerke dieses Genres: »*Primi parentes, prima mors, primus luctus!*« (Erste Eltern, erster Tod, erste Trauer!) Danach kenne ich nur noch eine von diesem Format: »*Aux Grands Hommes! La Patrie Reconnaissante*«[35], und in einem anderen Genre die jenes republikanischen Hauptmanns, der beim Marsch über den Großen Sankt Bernhard für die Nachzügler auf einen Pfosten schrieb: »Die nicht lesen können, nach links abbiegen!«

Glauben Sie nur nicht, dass es uns von China ablenkt, wenn ich den Beginn des Buches kritisiere! Wir sind mitten in China! Die Chinesen haben, ganz genau wie Ludwig XIV., wie Diderot, wie Jean-Jacques und Porporati, wie alte und moderne Völker, wie Könige und Kirchenfürsten, die Macht der Inschriften erkannt, vor allem die Macht der Literatur! ... Ihr Verhältnis zur Literatur ist noch intensiver als das von Prudhomme[36] – einem Schüler von Brard[37] und Saint Omer[38]; denn was die Literatur betrifft, so schätzen diese vor allem die Form! ... Dann kommt erst der Geist, oder – wenn man so will – sie pressen den Geist in eine Form. Dieses System ist das ganze China. Daher wollen wir diese Tatsache bei allen chinesischen Werken wieder ins Bewusstsein rücken.

Das Erste, was unseren China-Reisenden beeindruckte, war die riesige Menge an Inschriften. Die Chinesen schreiben die Maximen ihrer Religion und ihrer Gesetze überall hin: auf Mauern, Felsen, Hauseingänge, Dachsimse, Fensterläden, Vordächer und Markisen ... Den Franzosen kann man in dieser Hinsicht nicht den Vorwurf machen, dass sie nichts auf ihre Mauern schreiben. Aber was schreiben wir auf die Mauern? Abscheuliche Heilmittel gegen abscheuliche Krankheiten, unverschämte staatliche Anordnungen, Anzeigen schändlicher Industriezweige zur Förderung des Diebstahls, Appelle an die öffentliche Moral hinsichtlich verlorener Geldscheine oder entlaufener Hunde, ganz zu schweigen von jener prächtigen Inschrift, die ein Invalide angeschlagen hatte: »Kein öffentlicher Zugang!« Diese hing an jeder Stelle, wo man ihn einen Schwarm Engländer verjagen sah. Bei Betrachtung der Schriftzeichen auf Teekisten und auf Seidenstoffen, mit denen die reizenden Behälter gefüttert sind, worein die Chinesen ihre Waren legen, dachte ich mir, dass dies bei dem kaufmännisch geschicktesten Volk der Welt ein Indiz für den uralten Brauch der *Reklame* sein muss, so wie auch wir sie kennen. Irrtum! Bei diesem Volk, das eher ein Freund der Tugend als der Gewinnsucht ist, bedeutet es etwas ganz anderes. Nach Herrn Borget dreht es sich bei diesen Aufschriften um alles Mögliche, wie zum Beispiel:

»Der große Tien will nicht, dass man jemandem wertloses Zeug liefert, der für erste Qualität gezahlt hat.«

Oder: »Unrecht Gut gedeihet nicht.«

Oder: »Wenn Du stiehlst, quälst Du Deinen Vater, weil er in seinem Sarg sehr gepeinigt wird.«

Vielleicht verkörpern die Enten, die Katzen und die possierlichen Tiere, die am Obelisken auf dem Place Louis XV.[39] eingemeißelt sind, Prinzipien wie diese: »Völker, schlagt Euren Königen nicht die Köpfe ab!« Es sind so viele Kraniche und Spatzen auf dem Obelisken, dass ich mir bei genauerem Hinsehen einmal dachte, dabei müsse es um das Volk gehen. Die Ägypter und die Chinesen sind sich ähnlich, sie sind von Buddha abstammende Vettern. Nun, das ist jetzt vielleicht genug über die Inschriften, öffnen wir das Buch!

All jene, welche die Briefauszüge lesen, die den zweiunddreißig Zeichnungen vorangehen, werden es unendlich bedauern, dass Herr A. Borget nicht alle Briefe, die er über seine Reise nach China schrieb, publiziert hat. Die *Sinophilen*, die diesen Artikel lesen, werden mein Bedauern teilen, denn, um es ganz deutlich zu sagen, China muss man in seinem Herzen getragen, sein Auge auf dieses Feenreich geworfen und schließlich auch über Lösungen für die unendlichen Probleme nachgedacht haben, wie sie von der Existenz dieses Volkes gestellt werden – eine Beschäftigung, die wahrlich Kopfzerbrechen über chinesische Angelegenheiten bedeutet! Von jenen geheimnisvollen und fantastischen Dingen, die für uns unverbesserliche Traumtänzer im Begriff CHINA enthalten sind – glauben Sie es einem geborenen Sinografen! –, haben die Engländer bislang noch nichts wahrgenommen und begriffen. Wir verdanken es der katholischen Religion und unseren bewundernswerten Missionaren, dass wir die Engländer heutzutage immer noch auf jenem Terrain schlagen können, auch wenn wir dort über keine andere Streitkraft verfügen als unsere selbstlosen Märtyrer und Priester, die von der Rue du Bac[40] dorthin gegangen sind.

Als Lord Amherst[41] dorthin kam, hatten die Mandarine entlang der Straße unendlich viele Paravents aufgestellt; die englische Gesandtschaft marschierte durch zwei großartige Reihen von Trugbildern, Operndekorationen und aufgemalten Dingen. Dann hatte ein französischer Jesuit vermitteln wollen und den englischen Gesandten darüber in Kenntnis gesetzt, dass jeder Gesandte, der sich dem Kaiser von China vorstellt, diesem allein mit einem solchen Akt die Ehre des Staates erweist, den er repräsentiert. Dies aber wollte der Engländer nicht einsehen – er war übrigens noch in weitere Schwierigkeiten mit der Etikette verwickelt – und kehrte auf der Stelle um, immer noch zwischen zwei fingierten Spalierreihen und anderem chinesischen Mumpitz, den die Mandarine für alle Macartneys[42] bereithalten, die man zu ihnen schickt.

Potemkin[43] hat in diesem Genre eine Komödie auf einer Gesamtstrecke von zweihundert Wegstunden vorgespielt, um seine Herrscherin glauben zu machen, dass die Einöde bevölkert ist. Das war eine der größten Opern, die ich kenne. Die Dörfer mussten sich beeilen. Bei jeder Zwischenstation erblickte Katharina bezaubernde und glückliche Einwohner, die den unvermeidlichen Opernchor anstimmten: »Lobsinget!« etc. ... und Ballett tanzten: »Von Lust belebt gleich Zephyrn schwebt«[44] ... Diese Bevölkerungsdichte erreichte man auf ähnliche Weise, wie unser Nationalzirkus die Große Armee mit dreißig Helfern zustande bekommt. Einmal sagte Herr Harel[45], einer der geistreichsten Männer unserer Zeit, zu einem Autor: »Ihre Szene ist unrealistisch und dennoch muss man sie stehen lassen, sie ist unverzichtbar; um sie durchgehen zu lassen, gibt es nur eine Methode: Übertönen wir sie mit Applaus und man wird sie nicht hören ...« Nun ja! Potemkin kam mit einer ähnlichen Methode durch, indem er Katharina II. eine große chinesische Oper mit Paravents vorspielte. Man hatte jenem bewunderungswürdigen Hochstapler die schrecklichen Gebirgszüge zu bedenken gegeben, wo man keine fiktiven Städte und Dörfer hinstellen konnte. Pah! Potemkin (alle großen Männer sind sich ähnlich) hatte den rettenden Einfall, der auch Herrn Harel gekommen war: Er zog dort in der Dunkelheit vorbei. Katharina sah dann eine Art brennendes Babylon, das die Worte »Hoch Katharina!« in Flammenschrift von dreihundert Fuß Höhe präsentierte. So hielt die Zarin die Senken und Spitzen des Gebirges für die Umrisse von Bauwerken. Sie kehrte von dieser märchenhaften Reise begeistert zurück und glaubte, ein Reich für sich gewonnen zu haben. Oh, wie schön sind die Dinge verpackt! Und was die Chinesen, Potemkin und Herr Harel vorgeführt haben, veranstalten wir das nicht auch in der Politik für das Volk, mit all den Phrasen in der Abgeordnetenkammer? Aber, seien wir ehrlich, das ist wohl weniger witzig!

In China, so schreibt der Autor von »China und die Chinesen«, lassen die chinesischen Kommandeure, sobald die englischen Handelsschiffe den Anker lichten, diesen einige Kanonenböller hinterherfeuern – allerdings erst, wenn die Schiffe außer Reichweite sind. Hierauf schreibt der Mandarin[46] dem Kaiser einen Bericht mit grundsätzlich folgendem Inhalt: Die Barbaren haben sich gezeigt, sind aber beim ersten Artillerieaufmarsch des Reichs der Mitte geflohen. Zwischen diesem Bericht und jenen über Algerien besteht der Unterschied darin, dass der Mandarin Geschäfte abgewickelt und Ecus kassiert hat, während wir unsere Leute verloren haben.

Nichts ist uns daher so unbekannt wie das überaus lustige Volk, das sich alle Tage die »Komische Oper« gönnt, die in Europa von den größten Genies für sehr diffizil gehalten wird und so kostspielig ist. Trotz all unserer Anstrengungen und unserer großen Missionare – wie die Patres Verbiest[47], Parennin[48] und andere – wissen wir dank jenes Chamäleonismus[49] immer noch nicht, ob China ein Land mit einer despotischen oder konstitutionellen

Regierung, ein Land mit moralischer Gesinnung oder ein Land von Spitzbuben ist. Sobald ich davon erfuhr, dass ein ehrlicher Bub nach China gereist war, rief ich laut aus: »Endlich werden wir etwas erfahren!«

Ein Ereignis, das unseren Reisenden besonders erschüttert hat, das sich vor seinen Augen abspielte und das er in seinem ersten Brief ins heimatliche Berry erwähnte, verlief wie folgt: In einem Dorf verprügelte ein Sohn seine Mutter!... Als Erstes unterzog man den Sohn grausamsten Folterungen! Dann wurde das Dorf zerstört; es wurde verboten, an dieser mit Fluch beladenen Stelle wieder ein neues Dorf zu errichten und den Boden vor Ablauf einer bestimmten Frist zu rekultivieren... Bei uns gab es diese Maßnahmen noch um 1600 anlässlich des Königsmords, begangen von Châtel[50], dessen niedergerissenes Haus zu jenem kleinen Platz wurde, der sich in der Rue Saint Denis befindet, ich glaube am Ende der Rue Perrin-Gasselin... Das war aber noch nicht alles! Der Mandarin der Provinz wurde abgesetzt, und alle Mandarine des Reichs verloren einen Knopf.[51] Schließlich ging der Kaiser fünfzehn Tage lang in Trauerkleidung und verbrachte acht davon im Gebet. Das war genau zu der Zeit, als in Frankreich eine Geschworenen-Jury mildernde Umstände in einem Fall anerkannte, bei dem ein Sohn seine Mutter getötet hatte.

Je höher man sich in China auszeichnet, umso mehr Knöpfe trägt man. Eine Schlacht zu gewinnen bedeutet, einen Knopf zu bekommen. Was dann wohl den Selbstmord jenes Engländers erklärt, der vor seinem Freitod schrieb, dass das Leben daraus besteht, einen Knopf zu bekommen oder zu verlieren. Zweifellos war jener Engländer nach China gekommen, hatte mehr als ein Verbrechen begangen und vielleicht moralisch seinen Knopf verloren. Wahrscheinlich lachen die Chinesen, bis ihre Kinnlade ausklinkt, wenn man ihnen erzählt, dass wir in Europa unseren Mandarinen – fähigen und unfähigen – Kreuze verleihen.

Der letzte Geograf, der sich mit China befasst hat, räumte ebenso wie Herr Abel-Rémusat[52] ein, dass dort die Vertretungsvollmacht für die Staatsgewalt nur gewissen Ebenen der Verwaltung vorbehalten ist, für die darüber hinaus die hoheitliche Verpflichtung besteht, nach festen Regeln ihre Bediensteten für das Kollegium der Qualifizierten auszuwählen – eine veritable, durch Examen und Auswahlverfahren gebildete Aristokratie. Und wir sind der Meinung, für uns jenen erfreulichen politischen Machtfilter erfunden zu haben, den wir die Klasse der Pairs[53] nennen! Zudem scheint es für die Sinografen sicher zu sein, dass sich der Kaiser für die Verbrechen, die in seinem Reich begangen werden, gegenüber Gott verantwortlich sieht. Die Fälle der Mandarine, die ihrer Knöpfe entledigt wurden, und das Beispiel jenes verschwundenen Dorfs bestätigen die Aussagen der Professoren von der Königlichen Bibliothek, denen gegenüber man sehr zu Unrecht argwöhnte, sie wüssten nichts über die Chinesen. Herr A. Borget hat zugunsten der Mandarine von der Rue de Richelieu[54] durch seinen Bericht noch einen Irrtum ausgeräumt: Das gesprochene Chinesisch gleicht dem geschriebenen Chinesisch ungefähr so wie das Bretonische[55] der Niederbretagne dem Französischen in einer Rede von Herrn Berryer[56].

Beim Aufschlagen dieses Werks – meines Erachtens eines der interessantesten, die man seit der Reise von Jacquemont und jener Reise der Herren Combes und Tamisier[57] nach Abessinien[58] publiziert hat – sprang mir ein Satz in die Augen – nein, ich muss sagen: ins Herz – und tat mir weh:

»In der westlichen Häuserreihe, zu der vier Faktoreien[59] gehören, befindet sich der französische Hong (Begriff für Faktorei), dessen Frontseite nicht zum Platz hin liegt und der – leider! – der unscheinbarste von allen ist! Er liegt zwischen dem spanischen Hong und dem eines Hanisten – wie man die chinesischen Kaufleute nennt, die mit den Fremden Handel treiben.«

Leider! ... Ja, leider! ... muss ich wiederholen, so ist das also! ... Das kommt davon, wenn man Lally[60] den Kopf abgeschnitten hat und Mahé de la Bourdonnais[61] und die furchtlosen Franzosen, die in Ostindien gegen die Engländer kämpften, so kärglich belohnte! Da haben wir nun das Ergebnis jener debilen Auffassung – der einzigen Religion des Franzosen –, die darin besteht, dass man glaubt, das Universum beginne in Montrouge[62] und ende am Montmartre, und dass man sich über Fremde lustig machen und sie wie Freiwild behandeln kann. Leider! Was das betrifft, hat Frankreich durch die Missionsgesellschaften unter dem Eindruck ihrer Folterqualen einen beschränkten Horizont bekommen. Unsere Ostindien-Kompanie ist die Rue du Bac. Man gibt der Geografischen Gesellschaft[63] nicht einmal ein Zehntel der für ihre Programme und Projekte notwendigen Gelder. Dem Handel fehlt es an Mut und Größe in einem Land, wo durch niederträchtigste Gaunereien die großartigen Möglichkeiten dieser Geografischen Gesellschaft unterbunden werden, die das einzige Instrument darstellt, mit dem man viel für den Außenhandel – der Grundlage für nationale Eroberungen – bewirken kann.

Nun schließe ich für heute das Buch. Gestatten Sie, dass wir in folgendem Sinne verbleiben:

(Fortsetzung morgen)

De Balzac

II.

Wer hat noch nicht die Bemerkung gehört, dass man in China manchmal Kinder ins Wasser wirft, so wie man bei uns in brütender Hitze Bällchen für die Hunde hineinschmeißt! Sehr auf der Hut sein sollten wir vor den Reisenden aus der Schule jenes Menschen, der in Blois ein Mädchen mit roten Haaren sah und dann schrieb, dass alle Frauen von Blois so aussähen. Diese Reisenden, die mit einer Tatsache, einem Ausnahmefall, dessen nähere Umstände sie nicht kennen, so sehr beschäftigt sind, dass sie sich kaum zu allgemeingültigen Betrachtungen aufschwingen und das große Ganze im Auge behalten können, haben schon jede Menge Irrtümer auf dem Gewissen. Ich glaube, dass China in ganz besonderer Weise Opfer jener Leute geworden ist, die zwar behaupten, dort gewesen zu sein, die sich jedoch ganz einfach nur in der Stadt Kanton, die hauptsächlich als Handelsstandort dient, oder in Macao – einer teils portugiesischen, teils chinesischen Stadt – aufgehalten haben. Lesen Sie folgende hübsche Textpassage aus einem Brief von Herrn Borget, den Bericht über seine Eindrücke während seines Aufenthalts in einem chinesischen Tempel, von dem er jedes kleinste Detail gezeichnet hat; er schreibt über Frauen, die dort ihre Andacht hielten:

»Die Ahnungslosigkeit, mit der sie (die chinesischen Frauen aus dem Volk, denn die Frauen der Aristokratie können mit ihren verkrüppelten Füßen nicht das Haus verlassen) glauben, dass ihre Bitten nur aufgrund einer bestimmten Konstellation von zwei kleinen Holzstückchen erhört werden, die sie während ihres Gebets fallen lassen, erinnert mich an den Aberglauben unserer jungen Mädchen, wenn sie Blütenblätter von Margeriten abzupfen. Ich versichere Ihnen, ich habe mehr als einmal trübe Gedanken bekommen, wenn ich die Zuversicht jener Frauen sah, welche sich rote Zettel mit ein paar Schriftzeilen kauften, die sie verbrennen und dann als Aufguss trinken mussten. Diese Zettel wurden ihnen oft von gewitzten, noch öfter von idiotischen Bonzen[64] verkauft. Einmal konnte ich eine noch junge Frau beobachten, die mit ihrer Magd gekommen war, die das Kind der Frau auf dem Rücken trug. Die Mutter blieb stehen, um zu beten. Wenn sie in die Nähe eines Tempels kam, zu einer jener Vasen aus Stein oder Bronze, in denen man die Wunschzettel verbrennt, dann wurde das Kind sanft auf die Steinplatten gesetzt, die Mutter kniete neben ihm nieder, befragte das Schicksal mit den kleinen Holzstückchen und betete voller Inbrunst für die Gesundheit ihres Sohnes, der armen kleinen und schwächlichen, ganz gelben Kreatur, die kein einziges Mal lächelte. Bei widrigen Vorzeichen und wenn erneute Versuche kein gutes Resultat erzielten, schien die Mutter den Mut zu verlieren und ihre Augen standen voller Tränen; wenn jedoch die kleinen Holzstückchen eine günstige Konstellation zeigten, hellte sich ihr Gesicht auf; ihre Gesten und ihre Körperhaltung verrieten ihre Freude, die so lange anhielt, bis sie vor dem nächsten Altar stand und wiederum verunsichert wurde.«

Sie merken, dass Herr Borget auf mehr als einem Gebiet ein Maler ist. Können Sie angesichts solch anrührender Zeugnisse frommer Mutterschaft die kursierenden Hirngespinste nachvollziehen, denen zufolge die Chinesen aus ihren blauen, weißen oder gelben Gewässern Hospize für Findelkinder machen? Herr Borget hat Mütter gesehen, die während schwerster Arbeiten ihre Kinder in einer Art Sack auf dem Rücken trugen. Die übergroße Bevölkerungsdichte Chinas gehört nicht ins Reich der Fabel. Trotz seiner enormen Bevölkerung bietet das Land dank des Klimas genug Nahrung für alle und dies zu so erschwinglichen Preisen, dass die Lebenshaltung in China keineswegs wie in Europa eines der furchtbarsten Probleme für Politik und moderne Wirtschaft ist. Wir haben gewiss große Akademien, große Chemiker und große Mediziner und vor allem haufenweise mit 100 Ecus dotierte Preise für Abhandlungen, die zu schreiben Kosten von mehr als tausend Francs für Licht, Heizung, Recherche und Forschung verursacht (und Studierende sind immer arme Leute!), aber unsere Wissenschaft ist so selbstherrlich – entschuldigen Sie bitte diesen Ausdruck! –, dass sie bis heute folgendes eigenartige Problem der Ernährung noch nicht untersucht hat, das ich wie folgt in den Raum stelle:

»Warum konsumieren jene Völker, die am meisten schwitzen – das heißt, diejenigen, die das meiste ihres Gewichts durch Transpiration verlieren oder deren lebenswichtige Organfunktionen am meisten beansprucht werden – die wenigste Nahrung?«

Fest steht, dass eine Handvoll Datteln oder Reis einem Araber, Chinesen oder Hindu ausreichen und dass sich die Armen auf dem amerikanischen Kontinent von Süßkartoffeln oder Bananen ernähren. Die Wissenschaft wird mir vielleicht zur Antwort geben, dass diese Leute nur eine geringe Lebenserwartung haben. Aber wenn diese These der Wahrheit entspräche (Herr Borget hat auch sehr alte arme Chinesen gesehen), dann wäre das Problem meines Erachtens noch nicht gelöst. In der Tat sollte man das Leben nicht nach seiner Dauer beurteilen, sondern nach dem Maß an Wohlergehen, das es einem bereitet. In Europa isst man meistens zu viel. Die ersten Worte, die der Engel, der sich Swedenborg[65] näherte, zu diesem sagte, als er ihn zum »Geistigen Leben« berief, waren: »Iss nicht so viel!« Das war wohl ein Engel aus dem Orient! Daher komme ich wieder darauf zurück: Warum verwandeln sich die fünf Centimes für die Makkaroni des Lazzarone[66] – sechs Längengrade weiter – in zwanzig Centimes für Brot, zehn Centimes für gekochten Hammelkopf und zehn Centimes für Milch? So hoch sind nämlich die Kosten für das Essen eines der dreißigtausend Bettler, die in Paris morgens aufstehen, ohne zu wissen, wo und wie sie etwas zu essen bekommen.

Dies ist das wichtigste Problem, das aktuell gelöst werden muss, und hier der Grund:

Eine maschinenbetriebene Fertigung wird immer von der Hand eines Menschen gesteuert werden müssen, und was zur Zeit, zu der ich dies schreibe, in England passiert, zeigt uns das mit aller Deutlichkeit. Nun, die Preise für die Grundnahrungsmittel legen die Löhne fest, und die Löhne bestimmen die Preise für die Erzeugnisse. Unsere Landwirtschaft basiert ganz und gar auf extremer Genügsamkeit, deutlicher gesagt, auf dem Elend der Bauern. Das mag jenen nicht gefallen, die sich als Menschenfreunde par excellence bezeichnen. Sollten deren antisoziale Doktrinen den Bauern zu Ohren kommen, werden Frankreich und die Gesellschaft ohne Brot sein und keine zwei Jahre mehr existieren können. Den Redenschwingern muss deutlich gesagt werden, dass die grundverschiedene Existenz von Arm und Reich in der Gesellschaftsordnung eine genauso hinzunehmende Tatsache ist wie in der Zoologie die verschiedenen Arten. Wenn die Tiere sprechen könnten, so würden wir erfahren, dass alle Schafe Löwen sein möchten. Da aus der gewerblichen Erzeugung heutzutage ein Machtkampf geworden ist (zwischen den Nationen manchmal ein friedlicher), wird der Handel notwendigerweise jenem Volk zum Durchbruch verhelfen, das seinen Industriesoldaten Nahrungsmittel zu günstigsten Preisen bereitstellen kann. Das Problem, das die Wirtschaft eines Landes in den Griff bekommen muss, ist auf alle Fälle dieses:

So viele Arbeitsplätze wie möglich mit einem Optimum an Grundnahrungsmitteln zum geringstmöglichen Preis.

Führen Sie Debatten, erstellen Sie Berichte, schaffen Sie Systeme, singen Sie Klagelieder, halten Sie Vorträge; stapeln Sie Trugschlüsse, entwickeln Sie so viele »vitale Probleme« oder »aktuelle Probleme« wie Sie wollen, dieses ist das einzige, das ständige Problem! Zudem sind meines Erachtens alle Steuererhebungen auf den Wein des Armen, auf sein Getreide, auf sein Fleisch politische Fehler! Sie ersticken die Wirtschaft im Keim, daher sollte nur der Konsum besteuert werden. Ich behaupte nicht, dass man die Grundsteuer abschaffen muss, das wäre ja vollkommener Blödsinn; aber man sollte sie in Friedenszeiten auf nahezu null reduzieren, weil sie in Kriegszeiten die wichtigste und – leider! – fast einzige Ressource sein muss! Während der zweiunddreißig Jahre Friedenszeit hat es unsere Verwaltung nicht verstanden, auf unserem heimischen Boden notwendiges Vieh und Pferde heranzüchten zu lassen, damit wir Fleisch zu günstigen Preisen kaufen können und unser Geld nicht ins Ausland tragen müssen, wenn wir wieder eine Kavallerie auf die Beine stellen wollen. Die Aufgabe einer Regierung ist sehr viel weniger, Revolten niederzuschlagen, als vielmehr, dem Volk das Leben leichter zu machen. Seit dreißig Jahren hat sich die Staatsmacht Frankreichs viel zu sehr mit Justiz- und Polizeiangelegenheiten beschäftigt. Ich kenne niemand Gewaltigeren als einen Generalstaatsanwalt, der von der Truppe unterstützt wird. Aber dieser Apparat bedeutet Unterdrückung freidenkender Menschen, dafür sollte die Religion ausreichen; die Gefügigkeit der Massen wird immer das Werk von Priestern und nicht das der brutalen Staatsgewalt sein. Wenn unsere Politik pragmatisch bliebe, sodass die Armen für fünf Sous Fleisch und Brot bekommen können, dann würde angesichts dieser Tatsache keine jener neuartigen Theorien Bestand haben können. Und jener Mann hat in hohem Maße recht, der eine vernünftige Bewässerung unseres

Erdbodens als wichtigsten Faktor unseres Wohlstands hervorhob und dabei ausrief: »Die Flüsse Frankreichs bringen jedes Jahr Milliardenbeträge zum Meer!« ... Der Bewässerungskanal ist für die Landwirtschaft ebenso wichtig wie der Schifffahrtskanal für die Wirtschaft und bringt sogar noch mehr Gewinn! Was das betrifft, haben wir das Pferd von hinten aufgezäumt. Die Chinesen haben vorrangig die Waren produziert, bevor sie sich mit den dafür notwendigen Transportmitteln befassten. Als Lyon seine Stadtzölle eingeführt und seine kommunalen Tollheiten veranstaltet hatte, musste man die Zölle zwangsläufig auch den Vororten auferlegen. Die *Canuts*[67] konnten nicht mehr leben, und da sie emigrierten oder innere Unruhen anzettelten, erlitt die Seidenproduktion Einbußen. Der nicht zu zügelnde Hang von Paris, sich zu einer Stadt der Manufakturen zu entwickeln, ist einer der großen Fehler, die zur Zeit in Frankreich begangen werden: Der Tagespreis wird dort bei allen Industrieprodukten, die nicht das sind, was man als »Pariser Waren« bezeichnet, zu einem unerträglichen Konkurrenzkampf führen, denn deren Wert wird einzig und allein vom dort bevorzugten Stil bestimmt, dessen Zielgruppe die Reichen sind – oder auch die Extravaganten, die kaum jemals rechnen.

Diese äußerst wichtige Frage, wie man dem Volk ein preisgünstiges Leben ermöglichen kann, ist in China aus einer ganzen Reihe von Gründen seit jeher beantwortet, was man eingehend untersuchen sollte. Es gibt einen Grund, den Herr Borget sehr klar erkannt hat und über den man notwendigerweise sprechen sollte, denn er berührt die Bestimmungen für unser Währungssystem, die noch von den Kammern zu verabschieden sind:

»In China hat die Regierung bei der staatlichen Wirtschaftsführung einen Gesichtspunkt sehr genau verstanden, nämlich die Währung so vielfach wie möglich zu unterteilen, um die Preise für die lebensnotwendigen Dinge möglichst niedrig halten zu können. Es sollten zweihundert bis dreihundert Münzen der kleinsten Währungseinheit den Wert von einem unserer Francs ausmachen, und bei unseren Arbeitslöhnen ist es so, dass nur zwei oder drei Münzen diesen Wert ergeben. Mein lieber Freund, Sie, die Sie so sehr damit beschäftigt sind, das Los der armen Klassen zu verbessern, hoffen Sie darauf, dass man in Frankreich *Centimes*, ja sogar halbe *Centimes* einführt, denn das wäre ganz gewiss eine jener Maßnahmen, um die drohende Verarmung breiter Bevölkerungsschichten in den Griff zu bekommen.«

Nichts ist richtiger als diese Bemerkung, und es gibt davon eine ganze Menge in den Briefen von Herrn Borget. Wenn man in Genf Uhren zu Preisen fertigen kann, welche die dortige Monopolstellung für längere Zeit garantieren, dann deshalb, weil die Handwerker in den kleinen Häusern im Umland wohnen und jene Vorteile genießen können, welche die in der Schweiz so vielfach unterteilte Währung beim Kauf der Lebensmittel bietet; wodurch wir dann auch zu dem schönen Satz von Victor Hugo in seinem Buch *Der Rhein* gekommen sind. Daher ist es Wahnsinn, wenn man, um mit Genf zu konkurrieren, eine Uhrenmanufaktur in Versailles einrichtet, in einer Stadt mit außergewöhnlich hohen

Lebenshaltungskosten. Unsere Staatsmänner sollten sich diesen Grundsatz in ihre Köpfe meißeln: Ein Land ist nicht dann wohlhabend, wenn es viel Geld von einer Tasche in die andere wirtschaftet, sondern wenn man dort viele Konsumgüter für wenig Geld bekommen kann. Genau darum geht es.

Aber nicht nur die Verpflegung muss preisgünstig sein, sondern auch die Unterkunft. In China nutzt man alte Boote als Häuser, und die Familien wuseln dort herum. Zu diesem Punkt wollen wir noch einmal unseren Reisenden hören, wie er seine sechste Bildtafel erläutert, auf der er diese Behausungen dargestellt hat.

»Eines Morgens ging ich in einer kleinen Bucht, die nahe unserer Route lag, an Land. Schließlich kam ich zu einem Dorf, das aus Booten zusammengesetzt war, die man an Land gezogen hatte; von solchen Behausungen kann man sich in Europa keine Vorstellung machen, selbst nicht in den allerärmsten Gegenden. Einige Boote werden von großen Bäumen geschützt, andere sind gegen Felswände gesetzt; viele stehen auf dem Boden und werden von Balken gestützt; die luxuriösesten sind auf Pfählen errichtet. Diese letzteren Behausungen haben einen zusätzlichen Wohnraum – wenn man einen Bretterverschlag, dessen Stroh- oder Schilfdach mit vier Bambusrohren an den Ecken abgestützt ist, als Wohnraum bezeichnen kann. Das Dach reicht nicht bis an die Wand, was einerseits zwar Licht und Luft durchlässt, aber andererseits keinen Schutz vor eventuellen Regenfällen und Windstößen bietet. Das mit Strohmatten überdachte Boot dient als Wohnung; an seiner Seite befindet sich ein Gestell, das als

Abstellplatz und Aufbewahrungsort für alle Arbeits- und Küchengeräte dient. In solchen Löchern leben fünf bis sechs oder sogar noch mehr Bewohner auf einer Fläche, auf der zwei Europäer nicht leben könnten ...«

»Für einen Europäer ist es unbegreiflich, wie derart viele Menschen auf so engem Raum leben können. Passen Sie gut auf und versuchen Sie, sich eine Vorstellung von dem zu machen, was ich Ihnen jetzt berichten werde. Diejenigen, die zuerst kamen, hatten Grund und Boden besetzt und ihre alten Boote, die nicht mehr auf dem Wasser fahren konnten, dorthin geschafft; diejenigen, die später kamen, setzten rings um die Boote herum dicke Holzpfosten und fertigten auf diese Weise eine Etage über der anderen, indem sie entweder ihre Boote darüber setzten oder, wenn sie kein Boot hatten, einen Boden errichteten, auf dem sie Matten auslegten und in gleicher Weise ein Dach darüber zogen. Dann kamen noch Ärmere ohne Grundstück, Schiff, Boden oder Pfosten dazu, die sich in den Lücken zwischen zwei Behausungen einnisteten und dort ihre Hängematten anbrachten. So unzulänglich diese Bleibe auch ist, so muss sie doch für eine ganze Familie ausreichen. Oftmals haben sie nur eine einzige Leiter für fünf oder sechs Behausungen. Es gibt weder Vorrechte für die einen noch Abhängigkeiten für die anderen. Jedes Haus hat seine kleine Terrasse, von der oft Strohmatten und Lumpenfetzen jedweder Art herabhängen, die aber kaum den Weg behindern. Zu ziemlich vielen dieser Terrassen bin ich hinaufgestiegen; trotz der räumlichen Enge gibt es dort überall Blumen, und es

bereitete mir unendlich viel Freude, inmitten solcher Armseligkeit etwas derart Anrührendes vorzufinden. Die Bewohner leben so zusammengepfercht, dass sie in ihrem erbärmlichen Schlupfwinkel kaum Platz für ihren Hausaltar haben, der aber dennoch nirgendwo fehlt. Es handelt sich dabei ganz einfach um einen zweitürigen Schrank, auf dem eine für die dortigen Verhältnisse bestmöglich ausstaffierte Statue aus Wachs oder Holz sowie alles schmückende Beiwerk eines Tempelaltars steht, aber nur in minimaler Größe. Morgens und abends serviert man dieser Gottheit Tee und zündet für sie kleine rote Kerzen an. Glaubt nur nicht, liebe Freunde, dass das Wohlbefinden dieser bedürftigen Leute durch ihre Armseligkeit beeinträchtigt wird! Nein, in diesen kleinen Verschlägen mit fünf Fuß Höhe und Breite sowie doppelter Länge sieht man nur fröhliche Gesichter! Wenn diese armen Leute mal einen Augenblick freie Zeit haben, beschäftigen sie sich mit Würfelspielen. Beim leisesten Schrei kommt sofort Leben in all diese Behausungen, die man zunächst für leer hielt. Man kann dann zahllose Köpfe wimmeln sehen und fragt sich, wo sie herkommen und wie so viele Leute auf so kleinem Raum existieren können.«

Erklärt Ihnen dieses Bild nun die niedrigen Preise der in China hergestellten Waren und die wirtschaftliche Überlegenheit, die dieses Volk immer haben wird? Sie sehen, dank des Sonnenscheins erfreut sich ein Schiff unbegrenzter Lebensdauer, und über Mieten braucht sich der Arme nicht viele Gedanken zu machen. Eine Hängematte und ein kleiner Schrank für den lieben Gott, das ist das Mobiliar! Zwei Drittel eines Francs, das ist der Arbeitslohn! Zwei Drittel eines Francs, das sind die Verpflegungskosten! Und die armen Leute sind von Blumen umgeben, die bei uns nur in Gewächshäusern gedeihen! Man kann sicher seine Bedenken haben gegen die Parallelen, die ich zwischen dem französischen und dem chinesischen Staat ziehe – hinsichtlich der Sonne, der preiswerten Seide, der Fruchtbarkeit des Bodens und der geringen Qualität der Kleidung. Zunächst einmal glaube ich nicht, dass die zerlumpte Kleidung unserer Bauern und Arbeiter teurer ist als die der Chinesen. Keiner unserer Bauern zahlt Miete; er hat seine kleine Hütte; aber diese kostet in Relation zu seiner sozialen Stellung enorme Abgaben und Steuern, denn unser in Europa so berühmter Fiskus ist auf die Idee gekommen, ihm auch das Licht zu verkaufen! ... Der Fiskus und das

Rechtssystem Frankreichs haben die Vorstellung, ein einheitliches soziales Gefüge zu regieren, und wollen nicht begreifen, dass es soziale Unterschiede gibt; die Kosten für Enteignung und Erwerb von einem viertel Morgen Land sind dieselben wie für zwei Millionen Morgen. Der Steuereinnehmer leitet ein Verfahren ein, das mehr kostet als der Erlös aus einem Stück Land zu seinem Verkehrswert!*

Man sollte vorsichtig damit sein, den niedrigen Preis für Nahrungsmittel auf die Fruchtbarkeit des Bodens zurückzuführen. Früher dachte man, dass China auf seinem Territorium Böden mit fünfzehn oder zwanzig Fuß tiefen Humusschichten besäße. Die Wissenschaftler, die unbedingt alles erklären wollen, waren der Ansicht, dass das lockere Erdreich der riesigen Berge, die China umgeben, im Lauf der Erdgeschichte dorthin geschwemmt wurde. Zunächst einmal: Die Schnelligkeit, mit der die Amerikaner die Ressourcen ihrer Humusböden rings um ihre Städte ausgebeutet haben, und die heutige Ertragsarmut des eigentlich fruchtbaren Bodens der Ukraine beweisen, dass in dieser Hinsicht die Bodenergiebigkeit nicht grenzenlos ist. Nun aber existiert China, wie wir es kennen, seit mehr als 4000 Jahren! ... Hierzu bietet das Album eine Bildtafel. Unser Reisender hat Chinesen beobachtet, deren Beruf es ist, am Ufer von Strömen, Flüssen oder Kanälen Schlick aufzuklauben, um ihn als Dünger zu verkaufen; im Album hat

---

*Es gibt 39000 Parzellen in der Gemeinde Argenteuil, und einige von ihnen bringen 15 *Centimes* ein.

er einen dieser Schlicksammler mit seinen Utensilien in einer Lithografie dargestellt. Diese Lithografie verschärft das Problem der Wirtschaftspolitik noch ein wenig und beweist, dass man nicht nur einen Oberst Jancigny[68] hätte nach China schicken sollen, sondern dass man ihm zusätzlich noch einige Borgets hätte zur Seite stellen müssen. In den Städten und auf dem Land sind wir noch nicht so weit, dass ein Kind, das Schlick gesammelt hat, damit sein Essen bezahlen könnte.

Das erste Mal, dass ich Handelsware aus China zu sehen bekam, war in Cangé in der Touraine auf einem Landgut, das ein Oberst erworben hatte, dessen Sohn – einer meiner ehemaligen Schulkameraden – unter der Restauration Generalgouverneur in Indien gewesen ist. In Cangé war unser erstes Wiedersehen seit unserem Abgang von der Lehranstalt der Herren Ganser und Beuzelin[69] – zwei Männern, derer es zu Tausenden bedürfte, um das Bildungswesen in Frankreich wieder zu sanieren. Eugène des B...[70] hatte seiner Mutter einen Nähtisch aus China mitgebracht – ein echtes Prachtstück, überwiegend aus Elfenbein gefertigt. Angesichts einer solchen Arbeit war ich sprachlos. Ich hatte den Eindruck, dass man dafür drei Generationen Benevenuti-Cellini[71] gebraucht hätte. Es gab darauf in Elfenbein geschnitzte Tiere und menschliche Figuren von einer Ausgestaltung und prächtigen Bearbeitung des schönen Materials, dass man davor einen Monat hätte verbringen müssen, um alles genau betrachten zu können, und dann immer noch nicht jedes Detail gesehen hätte. Angesichts solcher Arbeiten war der Preis für dieses Möbelstück kaum vorstellbar, unglaublich; aber er erklärte sich durch jene Leichtigkeit des Lebensgefühls, die Herr Borget beobachten konnte und über die er uns berichtet.

Die konstant niedrigen Löhne, von denen jetzt die Rede ist, sind der eigentliche Grund für den Krieg zwischen England und China. Im Rahmen dieses Artikels sehe ich mich gezwungen, diesen Punkt in nur wenigen Worten anzusprechen. Hier nun nach Auffassung unseres Reisenden die zugrunde liegende Problematik: England war so dumm, sich am Tee zu ergötzen und auf den Kauf unserer Weine zu verzichten, denn Tee bewirkt eine Anregung der Nerven, die sich Engländer und Engländerin zur Angewohnheit gemacht haben. Ein Volk mit Angewohnheiten verliert seine Unabhängigkeit. Aus diesem Grund setzt man jungen Franzosen Zigarren vor, die sich zum Opium in etwa so verhalten wie Wein zum Schnaps. Der Tee wird nur in China *hergestellt*. Es muss ganz klar gesagt werden: Seit Langem weiß man, dass die Witterung auf den Längen- und Breitengraden der Regionen Chinas, in denen man Tee anbaut, den klimatischen Bedingungen eines großen Teils von Frankreich entspricht. Tee würde auch tadellos in der Touraine, im Berry und im Rhônetal gedeihen. Tee wachsen zu lassen, wäre kein Problem. Hier nun die notwendigen Arbeitsgänge zur Aufbereitung, damit Tee zur Handelsware wird: Jedes Teeblatt muss zunächst einmal eines nach dem anderen gepflückt werden; dann muss eines nach dem anderen in einem bestimmten Abstand voneinander zum Trocknen ausgelegt werden. Wenn alle Blätter bis zu einem Grad getrocknet sind, dass man sie, ohne sie zu brechen, mit der Hand bearbeiten kann, so muss man sie – wieder eines nach dem anderen – zwischen den Fingern rollen in der Weise, wie wir sie kennen. Nun denken Sie an die horrende Zahl kleiner grünlicher Krümel, die ein Pfund Tee ausmachen und die, wenn man sie mit kochendem Wasser aufgießt, aufquellen und wieder zu einem Blatt werden, nachdem sie Ihnen vorher in Form kleiner Kügelchen verkauft worden waren! ... Haben Sie sie jemals gezählt? Nein, ich auch nicht, es sind Tausende! Nun schätzen Sie jeweils den Verdienst des Bauern, der sie pflanzt und einsammelt, der Chinesen, die sie abpflücken, ausbreiten und rollen, des Spediteurs, der sie transportiert, des Lagerhalters, der sie aufbewahrt, des Geschäftsmanns, der sie in Kanton ausfindig macht, des Schiffskapitäns, der diese starken chinesischen Aromen nach Europa liefert; kalkulieren Sie nun den jeweiligen Verdienst des Groß- und des Einzelhändlers auf der Basis, dass der Börsenpreis für ein Pfund Tee von kostbarster Qualität nur um die vierzig Francs beträgt ... Verstehen Sie nun, dass man – wollte man Tee in vielen verschiedenen Ländern wachsen lassen – immer noch die Chinesen braucht, die ihn im Schweiße ihres Angesichts für Sie bearbeiten? Da die Engländer es leid waren, an China Millionen zu verlieren, weil sie dorthin nur sehr wenige Handelswaren ausführen konnten, träumten sie davon, den Chinesen ein Bedürfnis einzuimpfen, das diese zwang, sich auf einen Tauschhandel einzulassen. Der reiche Chinese langweilt sich; er hat nicht die Reisemöglichkeiten des Engländers, denn wenn ein Chinese China verlässt, darf er nicht mehr dorthin zurückkehren. Die Engländer haben den Chinesen das Glück in kleinen braunen Stangen geliefert, den Opiumtraum, das Paradies der Malaien und Orientalen. Indem sie Tee gegen Opium tauschten, konnten die Engländer dem Schwund des englischen Kapitals, das von China aufgezehrt wurde, Einhalt gebieten. Bald erkannte man in China das Defizit, das dieser Konsum bei dem bewirkte, was wir »Handelsbilanz« nennen. Die bestürzend abgrundtiefe Unmoral, die England durch den Verkauf von Gift an das chinesische Volk offenbarte, mobilisierte die chinesische Regierung unter zwei gleichstarken Aspekten – der Moral und dem Vorteil, die noch stärker wirken, wenn sich der Vorteil unter dem Mantel der Moral verbirgt –, den Handel mit Opium zu untersagen. Um nicht wieder Geld zu verlieren, zog England es vor, einen Krieg zu beginnen. Aber China ist stärker als England. Zunächst beginnt China mit dem Mohnanbau und erntet Opium, um es an Abnehmer im Inland oder anderswohin zu verkaufen. Sodann braucht China nur noch den Verkauf von Tee an die Barbaren zu verbieten und seine Bevölkerung zu bewegen, wieder nach Hause zurückzukehren. China wird die Engländer zermürben, entkräften: Die Engländer werden klein beigeben. Die Chinesen – denen man übrigens beibringen wird, wie man eine Artillerie einsetzt und die Congreve'sche Rakete[72] abfeuert – werden die maschinelle Kriegsführung besser beherrschen als alle anderen, da sie allergrößte Genies in der handwerklichen Nachahmung sind, denn sie fertigen ein Präzisionsinstrument des Herrn Gambey[73], das genauso gut ist wie das von Herrn Gambey selbst, ohne die Handhabung oder den Verwendungszweck zu kennen. Der Krieg gegen China wird vermutlich katastrophal für England; die Chinesen werden England den Tee zum zehnfach höheren Preis verkaufen, sobald ihnen der Kaiser durch irgendeine Anordnung die Genehmigung erteilen wird, die Preise hochzuschrauben. Es ist nicht zu leugnen, dass die Chinesen die auf der Welt führenden Geschäftsleute sind. Die Engländer sind nur ihre Lehrlinge. Und so wird wohl England alles, was es den Chinesen wegnehmen wird, zu Wucherpreisen wieder an sie zurückzahlen müssen. Vielleicht wird das den Chinesen helfen, ihre Konten aufzufüllen, die sie sich, wie man hört, von John Bull abräumen lassen.

De Balzac

(Fortsetzung morgen)

46

III.

In China ist die Kunst von grenzenloser Vielfalt. Die Chinesen
haben sehr früh die Sterilität dessen erkannt, was wir als das
Schöne bezeichnen. Das Schöne kann immer nur eine einzige
Gestalt haben. Die griechische Kunst war reduziert auf die Wie-
derholung von letztlich sehr armseligen Ideen, was den Freunden
der Klassik wohl nicht gefallen wird. Die chinesische Theorie hat
bereits einige tausend Jahre vor den Sarazenen und dem Mittelalter die riesigen Möglichkeiten erkannt, die das *Hässliche* bietet – ein Schlagwort, das man so blödsinnig den Romantikern ins
Gesicht schleudert und das ich hier als Gegensatz zu dem Begriff
das *Schöne* verwenden will. Das Schöne hat nur eine Statue, hat
nur einen Tempel, hat nur ein Buch, hat nur ein Drama: Die *Ilias*
wurde dreimal neu geschrieben, man hat permanent die gleichen
griechischen Statuen kopiert, man hat bis zum Überdruss den
gleichen Tempel neu gebaut, die gleiche Tragödie ging über die
Bühne mit den gleichen mythischen Stoffen, bis zum Erbrechen.
Dagegen sind in der Kunst die Epik Ariosts[74], die Liebeslyrik der
Minnesänger, das spanisch-englische Drama, der Dom und das
Wohnhaus des Mittelalters für die Ewigkeit. Nach diesen Prinzipien
gleicht kein Werk dem anderen. Diejenigen, die den Ignoranten
in die Ohren tröten, dass man damit auf die *Idealisierung* der Grie-
chen, Corneilles[75], Racines[76], Raffaels[77] etc. pfeift, sind böswillige

Leute, denn sie wissen sehr genau, dass man bei jenem Kunst-
verständnis das Ideal neben das Fantastische stellt und dabei das
Fantastische als Gerüst für das Ideal dient. Man kann das perfekte
Ideal einer Statue zwischen die zehntausend Statuen des Mailän-
der Doms, Strophen von Racine in *Les Orientales*[78], eine gewisse
»englische Venus«[79] in *Clarissa*[80] und einen prächtigen Frauen-
torso an den Schweif eines Pferdes im *Massaker von Chios*[81] setzen.
Für Leute mit Verstand: Sind denn nicht die Gotik und der Stil von
Ludwig XV. Vettern ersten Grades der chinesischen Kunst? Der
Nähtisch, den ich in Cangé gesehen hatte, macht mit seinen Figuren dem Mailänder Dom Konkurrenz; nur sind die chinesischen
Figuren grotesk, sie bitten um ein Lächeln, und es ist kaum möglich, es ihnen zu verweigern; bei ihrem Anblick würde Young[82]
nach einer Viertelstunde lachen. Nun ist aber das Groteske als ein
für die Kunst des Mittelalters so unentbehrliches Element hinzu-
gekommen, dass es in dreißig bis vierzig aus dieser Zeit erhalte-
nen Sehenswürdigkeiten – seien sie für einen Fürsten, seien sie
religiöser Natur – im Überfluss vorhanden ist. Die liebenswerten
Vögel, die Giovanni Bellini[83] unter seine Madonnen setzte, und die
Figurinen von San Michele[84] sind das verfeinerte Groteske, das an
die Gestaltung höher entwickelter Stilformen angepasst wurde; es
ist das veredelte Fantastische. Jedes der chinesischen Kunstwerke
könnte zu den Arbeiten im Stil der Zeit von Ludwig XV. passen.
Die Magot-Figur wäre der passende Gefährte für viele Gruppen
auf den Kaminverzierungen. Ganz gleich, wie skurril das von
chinesischem Ideenreichtum geschaffene Objekt auch sein mag,

wenn Sie es genau betrachten, werden Sie bestimmt eine Idee entdecken, die Sie zum Schmunzeln bringt. Obwohl er sich auf chinesische Absonderlichkeiten gefasst gemacht hatte, brachten unseren Reisenden die Tempel und alles, was er in diesem Land entdeckte, doch zum Staunen. Weil man solchen Ideenreichtum kaum für möglich hält, gefällt er einem so sehr; auch war Herr Borget völlig perplex, als er feststellte, dass die Paravents – wie ich bereits erwähnte – Schnee von gestern sind. Ich habe also nicht übertrieben, als ich zu Beginn meiner Ausführungen bemerkte, dass die Chinesen ein überaus amüsantes Volk sind.

Meines Erachtens muss sich die politische Philosophie folgende wichtige Frage stellen: Ist dieses Volk glücklich? Und die Antwort unseres Reisenden, eines ehrlichen Mannes, lautet: Ja, die Chinesen sind glücklich! Sagen wir doch laut und deutlich zu unserem Jahrhundert – dieser schrecklichen Ausgeburt kritischen Denkens, zu der es durch den Disput über die Willensfreiheit, Luthers Glaubensspaltung und die Philosophie des 18. Jahrhunderts in der Gesellschaft Europas gekommen ist –, dass China, angefangen bei den Massen der Armen bis hin zum Kaiserthron, zutiefst von religiösem Denken durchdrungen ist. Ja, trotz der nach außen hin durch Spekulation und Warenhandel entstandenen Korruptheit wird diese Gesellschaft von der Religion getragen, die nichts erschüttern kann, noch nicht einmal der Sieg durch sieben Eroberungen[85].

Der erste Buddha – vorausgesetzt, dass es mehrere von ihnen gab, was jedoch eine Frage ist, die mehr gestellt als beantwortet wurde und bei der man sich hüten sollte, ein Urteil zu wagen –, also, der erste Buddha schenkte Asien – und wir können sagen: der Welt – eine großartige Organisation, die sich die katholisch-apostolisch-römische Kirche zu eigen gemacht hat. Diese Organisation basiert auf einer auf Dauer angelegten Ämterverleihung an dazu Befähigte, die durch Wahl berufen werden, allerdings durch eine Wahl, mit der nur *Privilegierte* betraut werden, die alle gleichermaßen gebildet sind. Tausend Jahre vor der endgültigen Institutionalisierung des Papsttums spielte sich in Tibet bei der Wahl des Dalai-Lama, der sein eigenes Kardinalskollegium hat, alles genauso ab wie beim Konklave! Jener erste Buddha hat also mit seiner Lehre so tiefe Spuren in Zentralasien hinterlassen, dass sie sich dort genauso wenig verwischen lassen wie die von Moses beim Volk der Hebräer. China basiert auf der Anerkennung von Leistung und Befähigung. Das sind die gesichertsten Fakten, die wissenschaftlich anerkannt sind. Bewirkt denn heutzutage ein Gesetz nicht genau das Gegenteil von dem, was es regeln soll – hier wie auch in China? Lässt es denn nicht lauter Ignoranten an die Macht, und gewinnen denn bei uns nicht meist bedeutungslose und daher heute längst vergessene Leute die Wahlen, durch die doch eigentlich die Befähigten emporkommen sollten? In diesem Punkt sollte man die Menschheit wohl scharf kritisieren, weil sie dazu neigt, ihren Ärger herunterzuschlucken. Wenn die chinesischen Behörden stümperhaft arbeiteten, dann ist dies immerhin dauerhaft dokumentiert; wenn sie geschlafen hatten, dann weiß man das aufgrund der Tatsache, dass ein Dorf von der Karte des Reichs gestrichen wurde oder der Kaiser in Trauer war, sodass ihr Erwachen furchtbar gewesen sein musste. Was das betrifft, so hat man uns wundervolle Beispiele ausgeplaudert; es gibt tausend Anekdoten über Minister, die man wegen Machtmissbrauchs verprügelt hat; wir aber können mit nur wenigen derartigen Beispielen aufwarten und haben unsere Minister umgebracht; die Semblançays[86], die Enguerrand de Marignys[87], die Straffords[88] oder jene, die man lediglich gejagt hat – wie Aubriot[89] oder Mazarin[90] –, waren Männer des Geistes und Leute, deren Rechtschaffenheit man verkannt hatte.

In China gibt es eine sehr gute Einrichtung, die unser Reisender dort als allgemein üblich beobachten konnte und die alleine schon ein Volk zu erlösen fähig wäre: Es ist die retrograde Erhebung in den Adelsstand. Sie werden erlaucht, diese Ehre überträgt sich auf Ihren Vater. Ihr Sohn macht es Ihnen nach, sein Ruhm adelt den Urgroßvater. Daher der Ahnenkult. Dies wird so sehr auf die Spitze getrieben, dass sich die Chinesen ihr Unglück damit erklären, dass ihre Ahnen nicht gut gebettet sind. Die Grabstätte der Toten beschäftigt die Chinesen aller Klassen so sehr, dass unser Reisender – der bei seinem Aufbruch immer noch vom Riesenerfolg der Figur des Robert Macaire[91] beeindruckt war – jenen Robert Macaire, versteckt unter dem Gewand der edelsten chinesischen Empfindungen, wiedergefunden hat, einen Typ wie eine Mischung aus Mascarilla[92] und Scapin[93], die zu Mördern geworden sind. In China gibt es sogenannte *Beauftragte für Bestattungsangelegenheiten*, Leute, die kommen und Ihnen sagen – wenn sie wittern, dass

man voller Sorgen ist –, eine entzückende Stelle zu kennen, wo der Herr Vater unendlich komfortabel aufgehoben wäre – und dann bezahlt man für solche Trauervillen viel zu viel. Das Buch zeigt uns den Rückgeleitzug für einen Chinesen, dem seine Familie beim Umzug geholfen hat – was der Autor an Ort und Stelle zeichnete. Die chinesische Tradition hat aus dem Egoismus ein Mittel zur sozialen Festigung gemacht. In Europa schadet der Egoismus der Gesellschaft und nagt an ihr; in China dient der Egoismus als Stütze für väterliche Macht: Sein Kind gut zu erziehen, etwas aus ihm zu machen, das bedeutet auch, für sich selbst zu sorgen.

Wenn der Chinese überall seine Gesetze und religiösen Maximen schriftlich fixiert sieht – selbst auf den Bodenplatten, auf die er seine Füße setzt –, warum wird der Chinese dann zum Dieb? Hier kommen nun die wesentlichen, von J.-J. Rousseau so klug ausgeführten Bedenken zum Tragen. Dieses angeblich so moralische Volk bringt die unverschämtesten Spitzbuben hervor. Um bei der Wahrheit zu bleiben: Die chinesischen Gaunereien sind so naiv wie jene, die Débureau[94] im Théâtre des Funambules[95] auf die Bühne bringt. Sie sind immer gleich, sie sind nicht zwielichtig und tückisch wie die Schummeleien von Juden, die an allen Schmucksachen kratzen, die ihnen in die Finger kommen, und Goldstücke in eine Flüssigkeit geben, um sie kleiner zu machen; die chinesischen Gaunereien sind dreist und immer unter der Fuchtel der Polizei. Ertappt man sie auf frischer Tat, können die Gauner von Herzen lachen wie Pierrot und immer wieder aufs Neue beginnen.

Zunächst einmal ist festzuhalten, dass beim Diebstahl – der in China als günstige Art und Weise gesehen wird, Eigentum zu erwerben – bisher noch niemand auf frischer Tat ertappt werden konnte, aus dem einfachen Grund, weil noch nie jemand durch ganz China gekommen ist und unsere Missionare – die einzigen Europäer, die sich dort angesiedelt hatten und mit den chinesischen Eigenarten vertraut waren – diesen nie erwähnten. Tatsächlich ist es so, dass in China nichts strenger bestraft wird als der Diebstahl. Lassen wir uns zu diesem Thema von unserem Reisenden berichten:

»Ich möchte Ihnen noch von einem sonderbaren Ereignis erzählen, dessen Zeuge ich wurde und das Ihnen vielleicht einen Eindruck von den Moralvorstellungen dieses Volkes vermitteln kann. Als ich eines Morgens zum großen Tempel kam, war dort ein gewaltiger Tumult: Alle Eingänge waren geöffnet und man hatte die Schutzmatten weggenommen, mit denen die Hausboote und auch die noch nicht außer Dienst gestellten Schiffe abgedeckt waren, damit Luft und Sonne dort hineingelangen konnten. Einige Tankas[96] putzten ihr Boot und nahmen dabei jedes Teil ab, damit dessen Sauberkeit den Vorübergehenden sofort ins Auge fiel. Ich saß auf einem Stein und war damit beschäftigt, einige dieser Behausungen zu zeichnen, als ein großer Kerl – im Glauben, nicht bemerkt zu werden – sich duckte und ein Tuch ergriff, das er rasch unter seiner Kleidung versteckte; aber ein junges Mädchen hatte ihn gesehen und begann zu schreien, ehe er noch Zeit hatte, sich davonzumachen; alle Mädchen schrien im Chor, stürzten sich auf ihn und hielten ihn fest. Bald versammelten sich alle um die Mädchen herum, die Menschenmenge wurde größer, alle redeten gleichzeitig durcheinander, sagten ihre Meinung und wollten den Dieb gefangen nehmen. Dann, nach langer Diskussion, packten schließlich drei kräftige junge Männer den Delinquenten und schleppten ihn zu einem kleinen, mit Bambusrohren abgestützten Brettersteg, den man provisorisch am Anlegeplatz gebaut hatte. Eine vierte Person kam hinzu, griff sich den Zopf des Gefügigen, zog ihn daran durchs Wasser und band ihn an ein Bambusrohr. Um besser sehen zu können, rannte die Menge auf das Gerüst, das zu schwach für ein solches Gewicht war und daher zusammenbrach. Fast hätte der Schuldige dank des Durcheinanders entkommen können, aber man bekam ihn wieder zu fassen; diesmal wurde er an den Sockel eines der

Pfosten gebracht, die vor dem Tempel standen. Zwei oder drei Jungen schwangen sich zum Sockel und befestigten den Zopf des Diebs am Pfosten; dann wurde er verhöhnt und ausgepfiffen. Als ich zwei Stunden später wieder dort vorbeikam, war der Dieb fort. Da ich mir diese eigenartige Methode der Bestrafung nicht erklären konnte, bekam ich von einem alten Ortsansässigen folgende Information: Wenn sich ein Chinese einer Verfehlung schuldig gemacht hat, die zu leicht ist, als dass der Mandarin sie bestrafen müsste, dann formieren sich die Anwesenden zu einer Gerichtsversammlung und fällen ein Urteil, das auf der Stelle vollstreckt wird. Wäre der Schlingel in diesem Fall einer Justizbehörde ausgeliefert worden, hätte man bei ihm sicherlich die schmachvolle Strafe des Kang[97] angewendet und ihm den Zopf abgeschnitten. Für den Rest seines Lebens derart gezeichnet, würde der Unglückliche keine Arbeit mehr für seinen Lebensunterhalt finden und wäre gezwungen, wieder zu stehlen. Zweifellos war es richtig, ihn nur milde zu bestrafen, daher verfuhr der Mob mit ihm viel wohlwollender und hatte großes Verständnis für seine Situation. Dieser Vorfall erinnerte mich an das, was ich so oft zu hören bekomme: Wenn man die Schandtat des Schuldigen öffentlich macht, dann fördert man die Ausweitung der Kriminalität und versperrt den Weg zur Reue. Mancher noch so üble Verbrecher wäre vielleicht wieder zu einem anständigen Menschen geworden, wenn die Nächstenliebe gleich zu Anfang ihren Mantel über ihn gebreitet und ihm die Hand gereicht hätte, um ihn aus dem Morast zu ziehen, in dem er bislang nur bis zu den Füßen stand.

Ich habe Menschen gesehen, die durch das Feuer dieser Barmherzigkeit auf weitaus kultiviertere Art geläutert wurden als mit den Methoden, die uns normalerweise von diesem Elend befreien.«

Zu dieser Textpassage könnte man noch vieles ausführen; ich habe sie nur deshalb hier zitiert, um zu demonstrieren, wie sehr der Diebstahl in China moralisch gebrandmarkt wird. Lasst uns zu dieser Frage noch weitere Untersuchungen anstellen.

De Balzac

(Letzter Teil morgen)

IV.

Wie ich bereits erwähnte, kehrt ein Chinese, der China verlassen hat, niemals wieder dorthin zurück. Nun ist es gut möglich, dass die Chinesen glauben, wenn sie sich nicht mehr im Zuständigkeitsbereich ihrer Behörden aufhalten, es sei ihnen gegenüber den Ausländern alles erlaubt und diese seien ihnen schutzlos ausgeliefert. Die Gaunereien der Chinesen sind daher vergleichbar mit der Missachtung der Römer gegenüber allen, die nicht *civis romanus* waren, mit der Verachtung jener Eroberer Galliens für ihre Leibeigenen. Nun ja, Hand aufs Herz, gab es nicht auch einige Europäer, die ihre Heimat verlassen hatten, um so ihr Glück zu machen, und die sich fest vornahmen, dies *quibuscumque viis* zu erreichen, und sich dabei wie die Chinesen alles und noch einiges mehr gegenüber den Fremden herausnahmen?

Wir wollen jetzt nicht die Beziehungen der einzelnen Menschen zueinander, sondern den Außenhandel der Länder in ihrer Gesamtheit betrachten; dieser ist nämlich der Maßstab, mit dem man die Moral eines Volkes beurteilen sollte. Damit sind wir beim eigentlichen Problem. Frankreich mit all seinem Anspruch auf Fortschritt der Aufklärung wird nicht im besten Licht erscheinen, was man zum Anlass nehmen sollte, auf eine von Frankreichs größten offenen Wunden hinzuweisen.

In China, wie übrigens auch in England, gibt es ein hohes Moralverständnis, auf das ich genauer eingehen will. In China und England sind Produktion und Außenhandel zuverlässig. Diese beiden Völker verdanken ihrer Rechtschaffenheit ihre Leistungsstärke und ihren Erfolg in aller Welt, wo man ihre Produkte allen anderen vorzieht. Im Gegensatz dazu sind Handel und Fabrikation in Frankreich von so viel Unredlichkeit durchsetzt, dass dieses Versagen zum Ruin des Landes geführt hat. Wenn ein Franzose aus Paris irgendetwas in China bestellt, wird er es immer so geliefert bekommen, wie er es angefordert hat; wenn der Preis einmal vereinbart ist, wird es niemals irgendwelche Betrügereien geben, weder bei der Qualität noch bei der Fertigung.

Wenn China und England irgendetwas für den Außenhandel produzieren, seien es allerkleinste oder riesengroße Dinge, so sind diese von überragender Qualität und erstklassiger Fertigung. Daher bleiben die chinesischen und englischen Erzeugnisse auf allen Weltmärkten konkurrenzlos.

Im Gegensatz dazu ist in Frankreich alles Minderwertige, Mangelhafte und Zweitklassige für den Export bestimmt. Der französische Kaufmann denkt, er könne im Ausland all das loswerden, was er bei denen nicht absetzen kann, die viel zu gut informiert sind, um solchen Schrott zu kaufen. Dazu kommt bei ihm ein anderer Gedanke, ein grundsätzlicher Gedanke, nämlich die Ware als Blendwerk anzubieten, um den Konsumenten zu täuschen und die Konkurrenz mit zweitklassigen, minderwertigen Produkten auszustechen. Mit anderen Worten: Man verkauft keine Qualität.

Ein solches System, das alle Teile unseres Handels beherrscht, ist wesentlich niederträchtiger und zeigt bedeutend mehr Verkommenheit als das Verhalten, das man den aus China ausgewanderten Chinesen nachsagt. Die Neigung der Chinesen zum Diebstahl ist ein Kampf Mann gegen Mann, eine Warnung, auf der Hut zu sein, und die Geschädigten sind Einzelpersonen; wohingegen die französische *Manier* der ganzen Welt schadet, das Land in Misskredit bringt und die Quellen seines Warenverkehrs versiegen lässt.

Übrigens sind diese Dinge schon so weit gediehen, dass das Handelsministerium gezwungen ist, die französischen Geschäftsleute und Spediteure zu ersuchen, an die Auslandsmärkte nur noch erste Qualität zu expedieren. Erst vorgestern hat der Minister seinen Marktbericht zu diesem Thema in den Zeitungen veröffentlicht. Aber genau diese Regierung ist ebenso unvernünftig wie der Handel. Nehmen wir zum Beispiel das *Pulver* – ein Riesengeschäft, das Frankreich als größtem Pulverproduzenten der Welt zustehen sollte –, dieses Pulver, dessen Herstellung Staatsangelegenheit ist, setzt sich bei der für den Export bestimmten Ware aus den minderwertigsten Komponenten zusammen. Diese Tatsache werden alle *Kommissare* der Pulverfabriken bezeugen. Die Folge ist, dass die nur erstklassige Ware exportierenden Engländer Afrika, Amerika und Indien mit Pulver beliefern – einem gigantischen Produkt für den Warenverkehr, bei dem wir aufgrund staatlichen Fehlverhaltens auf der Strecke geblieben sind. Wenn wir weiterhin nur gepanschten Wein exportieren, werden die Engländer unsere erste Qualität kaufen und für unsere eigenen Weine die Frachtschiffe mitsamt dem Seeamt übernehmen. Durch derartiges Versagen flaut der Warenhandel eines Küstenlandes ab, und Niedergang stellt sich ein.

Heutzutage hat sich dieses Panschen der Produkte, diese kriminelle Verfälschung auf den Binnenhandel und den Handel mit lebensnotwendigen Dingen ausgeweitet. Der stetige und fortschreitende Schwund der Vermögen ist darauf zurückzuführen. Der Wohlstand verringert sich, und der Ramsch nimmt zu. Um den Schein zu wahren, macht man Abstriche bei den lebensnotwendigen Dingen. Der Engländer fragt in einem Laden immer, was es noch Schöneres und Teureres gibt, denn die feinen Sachen haben eine zehnmal längere Lebensdauer als die billige Ware. Im Gegensatz dazu schreit der Franzose nur: Billig! Festpreis!! Viel bekommen und wenig zahlen, so spricht der Verbraucher; wenig liefern und viel dafür bekommen, so spricht der Händler. Was ist passiert? Man hat im Großen und Ganzen die Geschichte jenes geizigen Priesters Wirklichkeit werden lassen, der sich aus dem Material einer schwarzen Samthose durch geschickte Umänderung ein Käppchen machen lassen wollte. »Können Sie mir daraus nicht zwei machen?«, fragt er den Schneider. »Ja«. »Aber man könnte davon vielleicht auch drei machen ... ?« »Im Notfall könnte man davon auch drei machen!« »Oh! Bei Ihrer Geschicklichkeit können Sie mir vier davon anfertigen!« »Nun, Herr Pfarrer, wenn Sie wollen, schneide ich Ihnen auch fünf daraus!« Acht Tage später bekam der Pfarrer fünf Käppchen, die er sich über seine fünf

Finger stülpen konnte. Man wollte Teppiche aus *reiner* Wolle zu unmöglichen Preisen, und der Hersteller verwendete dafür Baumwolle. Die Baumwolle hat jedes Wollgewebe, jeden Überzug und jeden Faden durchsetzt. Man fertigt für die Dandys ohne Vermögen Hemden, bei denen die Vorderseite – nur das, was man sehen kann – aus Leinenstoff besteht und die sechs Francs kosten, während der Macherlohn für ein gutes Hemd ebenfalls sechs Francs beträgt. Wegen der Sucht nach günstigen Preisen und der durch Konkurrenz entstandenen Böswilligkeit fertigt man ganz alltägliche Seife von grässlicher Qualität, um sie schwerer zu machen, und Parfümerieseifen, die nur an der Oberfläche duften, Taschentücher für fünf Sous und Kleider für drei Francs, die man nur dreimal tragen kann. In der Papierindustrie kam es durch diese Methode zu Papier von kurzer Haltbarkeit. Der durch sein verborgenes Leiden zum Idioten gemachte Verbraucher zahlt nun den *Macherlohn* für zehn Sachen anstatt für eine. Niemand will heutzutage für eine Vergoldung das bezahlen, was sie wert ist, folglich zahlen Sie für Ihre Standuhr und Ihre Leuchter nach zehn Jahren eine sehr teure *Neuvergoldung*; putzt man dagegen die alten Goldauflagen aus der Zeit von Ludwig XV., wirken sie wieder wie neu. Um selbst diejenigen, die auf diese Weise Handel betreiben, mit *Ehre* zu überhäufen, lässt der große Herr mit dem schönsten Namen Frankreichs seine Söhne die Töchter dieser Frontins[98] der Gewerbesteuer heiraten.

Dieses System schmutzigen Kalküls vergiftet das gesamte Bürgertum. In Paris geschehen Dinge, die einem das Herz vor

Ekel zerspringen lassen. Der Staat und die Stadt haben kosten-
freie *kommunale Schulen* »FÜR DIE ARMEN!« ins Leben geru-
fen – in die der Arme seine Kinder nicht hineinbekommt. Diese
Schulen sind überschwemmt von den Söhnen der Reichen. Der
Hausmeister muss stark bluten, um monatlich zehn Francs für
seine Tochter aufbringen zu können, die er zu einer Schule schicken will; der Hauseigentümer jedoch schickt seinen Sohn zur
kostenfreien Schule.*[99]

Letztlich werden die Internatsleiter durch die übertriebene
Sparsamkeit jener Familien gezwungen, furchtbare Kompromisse
hinsichtlich der Verpflegung und der Ausbildung ihrer Internats-
schüler einzugehen. Man wünscht sein Kind für ein jährliches
Kostgeld von vierhundert Francs ausbilden zu lassen, so wie man
ein Hemd für drei Francs bekommen will.

Für den aufmerksamen Beobachter, den Philosophen, zeigen
sich dabei Zeichen sozialen Zerfalls, die wesentlich substanziel-
ler sind, als man zunächst glaubt. Wir zahlen nun den Preis für
die Fehler einer törichten Gesetzgebung, die jede *Anständigkeit*
unterdrückt hat und nur das *Geld* für den Inbegriff jeder Eignung,
jeder Vernunft hält. Wir sind noch nicht am Ende aller Auswirkungen eines seelenlosen Systems, das die Menschen nur als
soziale Kennzahlen begreift, die Autorität der Eltern untergräbt
und das öffentliche Bildungswesen Personen überlassen hat,

---

*Vgl. zu diesem Thema einen Bericht von Herrn Paul Buessard,
Mitglied im Internatsausschuss, Publikation Passage Choiseul, 39.

die sich nicht den Lehrmeinungen verpflichtet fühlen und keinerlei Loyalität dem Staat gegenüber zeigen. Es ist keineswegs ausgeschlossen, dass der eine Grundsätze predigen wird, die denen des anderen diametral entgegenstehen. Keiner von ihnen kann die Jugend zu religiöser Gesinnung oder Gehorsamkeit erziehen, weil keiner bereit ist, persönlichen Opfergeist aufzubringen, der ein heiliges Amt ausmacht – und Erziehung muss ein heiliges Amt sein.

Einmal musste sich der Gerichtspräsident auf seinem Stuhl von jemandem, den er getadelt hatte, auf seine Frage hin, ob der Tadel diesen nun davon abhielte, so wie bisher weiterzumachen, anhören: »Nein!«, sagte der Richter, »*Das juckt mich nicht!*« ... »Mich auch nicht!«, sagte der Gerichtspräsident. An jenem Tag tötete dieser Richter die Justiz; er hätte verdient, seinen Kopf aufs Schafott tragen zu müssen, und der Kaiser von China würde ihn, ohne mit der Wimper zu zucken, bestrafen; unter Ludwig XV. dagegen lachte alle Welt darüber. Heutzutage betrachten wir einen Richter und einen Bischof als bezahlte Funktionsträger, den einen als Grenzkontrolleur für Verbrechen, den anderen als Beauftragten für Gebetsangelegenheiten.

China ist insofern ganz besonders poetisch, als es dort keinerlei Gleichförmigkeit gibt, selbst bei den Tempeln nicht, die alle genauso bizarr aussehen wie die privaten Unterkünfte. Die chinesischen Tempel haben unseren Reisenden glücklicherweise stark beschäftigt; er zeigt uns Außen- und Innenansichten, äußerst eigenartige Gebäudepläne, worüber sich die früher

dorthin gereisten Sinografen oder Sinologen keine Gedanken gemacht haben. Um bei ihren Tempeln bestimmte Mängel auszugleichen – beispielsweise bei der Gebäudehöhe oder in der Architektur –, umranden die Chinesen diese Bauwerke sorgsam mit riesigen Bäumen oder Erdwällen.

Der Luxus in China ist atemberaubend: Der Autor war vom Prunk der Schiffe des Adels geblendet; goldfarben und wie Fische bemalt bieten sie alles für einen angenehmen Aufenthalt. England hat seine sogenannten englischen Gärten von China kopiert; die schönsten Gärten Europas sind nichts im Vergleich zu den allereinfachsten in China. Der erste Missionar, der zu ihnen gelangte, fand dort Tragödie, Komödie und Roman vor. Als sich Voltaire zu seinem *Waisenkind aus China*[100] inspirieren ließ, demonstrierte er uns, dass das chinesische Theater auf den wichtigsten politischen Ideen basiert. Die Leidenschaft der Chinesen für das Schauspiel kommt der von Paris gleich. Hier nun das, was unser Augenzeuge darüber berichtet:

»Die religiösen Vorstellungen unterscheiden sich wesentlich von unseren, obwohl die Religionsausübung ziemlich analog zu der in der katholischen Kirche ist. So wird das Lustspiel, gegen das sich unsere Priester derart massiv zur Wehr setzen, von den Bonzen nicht nur toleriert, sondern diese gestatten darüber hinaus den Theatern, die immer Wanderbühnen sind, sich in der Nähe der Tempel niederzulassen. Ich sah eine Theatertruppe, die auf dem großen Vorplatz Bambusrohre aufstellte und ihr mit Strohmatten bedecktes Theater errichtete, das direkt gegenüber dem großen runden Tempelfenster mit der Rückseite zum Meer stand. Die Bonzen saßen unbeirrt auf dem Vorhof zum höchsten Heiligtum, erfreuten sich am Spektakel und rauchten dabei ihre Pfeifen. Das Sing-Song – wie diese Festlichkeiten genannt werden – dauert fünfzehn Tage, in deren Verlauf auf dem Vorplatz ein äußerst temperamentvolles Spektakel geboten wird.

Auf die Balustrade gestützt beobachtete ich das Menschengewimmel vor mir. Alle Stufen der sozialen Leiter waren dort versammelt: Bettler, Blinde, Seeleute, Pilger und Elegante, denn auch hier gibt es Dandys wie in London und Paris; nur weibliche Dandys sind nicht zu sehen. Alle wuselten wild durcheinander auf dieser kleinen Fläche, die kaum für alle Platz bot. Es sind nicht nur die Reichen, die ihr hochnäsiges Gehabe zur Schau tragen, wenn sie mit lässiger Miene dort spazieren gehen; ihre Kleidung besteht aus langen Gewändern, in der Taille mit einem Gürtel verschnürt, von dem ein Tabaksbeutel und eine Pfeife herunterhängen, die sie ständig in Gebrauch haben. Sie verstecken sich unter ihren Schirmen, mit denen sie sich nebenbei Luft zufächeln und die von der Stirn rinnenden Schweißtropfen abwischen. Mich beeindruckte, dass weder Zank noch Schlägereien stattfanden. Man hört wohl manchmal etwas lautere Stimmen, aber es wird sich nicht geprügelt, was mich umso mehr erstaunte, als ich dies bei ähnlichen Vorfällen während meines Aufenthalts in Kanton auch nicht erlebt hatte; in diesen Menschenmassen, die auf dem Wasser leben, hat jeder seinen Bereich und braucht nicht zu fürchten, dass ein anderer ihm seinen Platz wegnimmt.

66

Kommt das von der Duldsamkeit oder der strengen Disziplin dieses Volks? Als ich meinen Beobachtungsposten verließ, um mir die Theateraufführung anzusehen, gab mir der Bonze den Ehrenplatz genau in der Mitte vor dem runden Fenster. Über das Theaterstück kann ich Ihnen nicht viel berichten, da ich nichts davon verstand, nur, dass es die Zuschauer lebhaft interessierte und dass ich weder Applaus noch sonst irgendeinen Laut vernahm, der mir einen Anhaltspunkt zum Verständnis hätte geben können; auffallend war aber ihr regloses Verharren, ihre konzentrierte Aufmerksamkeit, sodass man ohne die Geräusche um das Theater herum eine Feder hätte fallen hören können. Die Chinesen sind so wild auf das Theater, dass diejenigen, die auf den Bänken unter der überdachten Stelle keinen Platz mehr fanden, auf die das Dach stützenden Bambusrohre stiegen; dann kamen noch andere hinzu, die diese baten, noch höher zu klettern, so hoch, dass am Ende das Tragegestell voller Zuschauer war, die genauso gequetscht wurden wie die am Boden, aber genauso aufmerksam das Geschehen verfolgten, obwohl es für sie eine mühsame Angelegenheit gewesen sein musste, an dieser gefährlichen Stelle durchzuhalten. Wieder einmal bewunderte ich – und jetzt aus noch triftigerem Grund als jemals zuvor – die Belastbarkeit der Bambusrohre.«

Ich komme nun zum Ende und möchte noch die Legende des Tempels von Macao wiedergeben, so wie sie der Autor erzählt; sie wird einen Eindruck von den Traditionen dieses Landes vermitteln und demonstrieren, wie sehr in China das Theater, die Poesie, die Geschichte und die Institutionen mit den Grundgedanken der buddhistischen Morallehre zusammenhängen.

Macao bedeutet: *Tempel der Dame* (auf Chinesisch: Neans-Ma-ko).

»Unter ich weiß nicht mehr welcher Dynastie wurde eine Prinzessin der kaiserlichen Familie, einziges Kind ihres Vaters, ganz besonders behütet erzogen; durch ihre Ausbildung wuchs in ihr ein unbezähmbares Verlangen, die Welt zu sehen und sich von der Abgeschiedenheit zu befreien, zu der die Landessitte alle Frauen verdammt. Lange Zeit verbarg sie das Geheimnis ihrer Leidenschaft, denn sie musste eine Menge Vorurteile überwinden, bevor sie es sich selbst eingestehen konnte. Schließlich sprach sie darüber mit dem Kaiser, der ihr kaum etwas abschlagen konnte. Stellen Sie sich ihr Glück vor, als sie den Palast verließ, wo sie ihre Tage hatte verbringen müssen und sich ihr unruhiger Geist eine Welt in tausenderlei Gestalt erträumt hatte, als ihre Blicke dann zum ersten Mal auf die Weiten des Horizonts fielen. So ging sie an Bord. Zunächst lachten ihr der Himmel und das Meer zu. Alles, was sie sah, weckte ihre Begeisterung und offenbarte ihr köstliche Poesie. Aber die so tief empfundene Freude war nicht von langer Dauer, denn jede Verfehlung verlangt nach Sühne. Sie hatte gegen das Gesetz verstoßen; sie war nicht davor zurückgeschreckt, sich zu zeigen, und hatte sich damit den ausdrücklichen Verboten des Gesetzgebers widersetzt, sie, die als Prinzessin den anderen Frauen ein gutes Beispiel geben sollte. Bald kündigte sich ein schrecklicher Taifun an, der sie zwanzig Mal fast in die

Tiefe gerissen hätte. In Angst vor der großen Gefahr, in der sie sich befand, flehte die Prinzessin die Göttin des Meeres um Hilfe an und versprach – sollte sie der Gefahr entrinnen –, ihr an der Stelle, wo sie an Land kommen würde, einen Tempel erbauen zu lassen. Das Meer beruhigte sich, der Taifun ließ nach und die Dschunke wurde von einer Welle sanft ans Ufer getragen. Die Prinzessin hielt ihr Wort, und bald ragte ein Tempel auf dem verdorrten Hügel empor, dort, wo sie an Land gekommen war. Wo es vorher nur kümmerliche Bäume gegeben hatte, bewundert man jetzt prächtigen Pflanzenwuchs, an dem ich mich niemals sattsehen könnte.«

Welch schöne Legende eines Volks, das den Frauen in den höhergestellten sozialen Klassen, dem Grundelement der Gesellschaft, die Freiheit entzieht. Mohammed hat die Chinesen nachgeahmt. Eine Frau der Aristokratie, die ins Elend gefallen ist, wird höchstwahrscheinlich den schrecklichsten Qualen ausgesetzt. Auf den Straßen sieht man die Unglücklichen auf ihren Stümpfen gehen, die man den Aristokratinnen als Füße lässt; dies, sagt der Autor, ist ein grässlicher Anblick. Wenn in China eine Frau hinfällt, wird sie nie mehr aufstehen können! …

Geben Sie zu, dass es sich lohnt, dieses Volk kennenzulernen, zu studieren, dies sollte zunächst einmal die Industrie hinsichtlich der technischen Verfahren tun, denn in China repariert und schweißt man Gusseisen, so wie wir Weißblech reparieren und löten. Mit Reis[101] hat man dort Mörtel hergestellt, der fest und glatt wird wie Marmor. Sollten nicht auch Politik und Kunst die Organisationen und Erfindungen dort studieren? Was die Wissenschaft angeht, so sollte uns genügen, dass der Autor der Ansicht war, er habe dort den *Animalischen Magnetismus*[102] in seiner praktischen Anwendung gefunden (vergleiche seinen Brief über die chinesischen Barbiere[103]). Hoffen wir, dass die Geografische Gesellschaft den Beschluss fassen wird, eine Forschungsreise nach China zu unternehmen, und dass unser Land die Notwendigkeit begreifen wird, mit dieser Region etwas engere Wirtschaftsbeziehungen aufzunehmen als nur solche, die unseren Hong zum Kleinsten von allen machen.

Ich habe den etwas über dreißig Zeichnungen, die im Buch unseres Reisenden abgedruckt sind, nur wenig Beachtung geschenkt; seine Briefe, von denen er nur einige Fragmente veröffentlicht hat, um seine Bildtafeln zu erläutern, waren für mich der interessantere Teil. Er hätte umgekehrt verfahren sollen, das heißt die Zeichnungen zeigen, um den Text zu erläutern. Hat dabei der Stolz des Malers über den des Autors gesiegt? Ich weiß es nicht; aber wenn die vollständigen Briefe den von mir zitierten Auszügen entsprechen sollten, dann könnte Herr Borget der Jacquemont Chinas sein. Es wäre von der französischen Regierung kein Fehler, ihn mit der Aufgabe zu betrauen, dorthin zurückzukehren und sein Werk zu vollenden. Er ist aufrichtig, ein ehrbarer Mensch, selbstverständlich auch als Reisender; nicht alle Reisenden sind aus diesem Holz geschnitzt. Sein Stil hat etwas von jener sanften Bosheit, die dem Bericht Würze gibt und ihn bekömmlicher macht. Hoffen wir, dass er für dieses schöne grundlegende Werk angemessen belohnt werden wird.

Anmerkung: Der Name des Hochwürdigen Paters, der das schaurige Martyrium erleiden musste, von dem ich berichtet habe, ist Perboyre[104]. Auf jeden Fall sollte die Öffentlichkeit von solcher Opferbereitschaft Kenntnis erlangen.

De Balzac

Ende

Anmerkungen
China und die Chinesen

1 Schlussendlich wurden es vier Artikel.

2 Borgets Album wurde zeitgleich zur französischen Edition in London mit dem Titel *Sketches of China and the Chinese* (32 Bildtafeln ohne Text) publiziert.

3 Das Berry ist eine Landschaft in Zentralfrankreich.

4 Französische Bezeichnung für jemanden, der aus dem Berry stammt.

5 Gemeint ist Balzacs Vater, Bernard-François Balzac, der eine umfangreiche Bibliothek u. a. mit Werken über China besaß.

6 Jean-Baptiste Du Halde (1674–1743) war ein französischer Jesuit, Geograf und Sinologe, der insbesondere durch sein 1735 veröffentlichtes vierbändiges Werk *Description de la Chine et de la Tartarie chinoise* (*Beschreibung Chinas und der chinesischen Tartarei*) bekannt wurde.

7 Jean-Baptiste Grosier (1743–1823) war ein französischer Priester, der ein umfangreiches Werk über China (*Allgemeine Geschichte Chinas*) in 12 Bänden veröffentlichte.

8 Seit 1934 Teil der Bibliothèque nationale de France. Die Bibliothèque de l'Arsenal befindet sich im alten Arsenal de Paris, das im 16. Jahrhundert als königliches Waffen- und Munitionsdepot erbaut wurde. Die Bibliothek entwickelte sich bis zum 19. Jahrhundert zu einer großen Sammlung. 1824 wurde der Schriftsteller Charles Nodier (1780–1844) Direktor der Bibliothek.

9 Léon Curmer (1801–1870) war ein französischer Buchhändler und Herausgeber. Er veröffentlichte alte Manuskripte mit mehrfarbigen Buchmalereien und nutzte damals die noch neue Technik der

Fotografie. Um Vorlagen für seine Bücher zu bekommen, bereiste er ganz Frankreich. Für das hier erwähnte Werk *Les Français peints par eux-mêmes* hatte Balzac 1839 und 1840 insgesamt fünf Artikel geschrieben.

10 Groteske chinesische Figuren, oft in sitzender oder hockender Position.

11 Venceslas Victor Jacquemont (1801–1832) war ein französischer Naturforscher. Seine wissenschaftlichen Erkenntnisse während seiner Reisen nach Nordindien, zum Himalaya, in die chinesische Mongolei und Tibet wurden von 1836 bis 1844 in sechs Bänden veröffentlicht.

12 Aline, die Königin von Golkonda (Hauptstadt eines ehemaligen Sultanats in Indien), ist eine Märchenfigur, die von E. T. A. Hoffmann, Heinrich Heine u. a. erwähnt wird.

13 Der Fürstinnentitel Begum oder auch Begüm stammt aus der Regierungszeit der Begumen im 19. und frühen 20. Jahrhundert in Bhopal, einem Fürstenstaat Britisch-Indiens.

14 Ehrentitel für einen Provinzgouverneur der indischen islamischen Reiche.

15 Nationale Personifikation des Königreichs Großbritannien. Sie wurde 1712 von dem schottischen Satiriker John Arbuthnot geschaffen und später vom US-amerikanischen Karikaturisten Thomas Nast übernommen. John Bull wird normalerweise als untersetzter Mann in Frack, Kniebundhosen und einer Union-Jack-Weste dargestellt. Er trägt einen Zylinderhut auf dem Kopf und wird häufig von einer Bulldogge begleitet.

16 Sammlung von Legendenerzählungen über Heiligenleben (lat. *Flos sanctorum*).

17 Die Gesellschaft der Bollandisten (Société des Bollandistes) ist eine in Brüssel ansässige (ursprünglich jesuitische) Arbeitsgruppe

von Philologen und Historikern, welche die Lebensgeschichten der römisch-katholischen Heiligen in kritischen Ausgaben zusammenstellt und veröffentlicht. Die Bezeichnung geht auf den niederländischen Hagiografen und Theologen Johannes Bolland (1596–1665) zurück.

18 *De viris illustribus* (lat. *Über berühmte Männer*). Hierbei handelt es sich um Sammlungen von Kurzbiografien diverser Autoren, z. B. Biografien römischer Kaiser und Feldherren.

19 Eugène Cicéri (1813–1890) war ein französischer Maler, Illustrator und Graveur.

20 Französischer Journalist und Schriftsteller (1813–1848). Zu seinem Roman *Suzanne* (1840) schrieb Balzac eine begeisterte Kritik in der Zeitschrift *Revue parisienne*.

21 Vorort von Paris im Département Hauts-de-Seine nahe dem Schloss Versailles. Ab 1760 ist dort der Sitz der Manufacture royale de porcelaine de Sèvres, die im 18. Jahrhundert neben der Porzellanmanufaktur Meißen die kostbarsten europäischen Porzellane fertigte. Nach der Französischen Revolution wurde sie 1790 verstaatlicht.

22 Das »Juste milieu« wurde zum politischen Schlagwort nach der französischen Julirevolution von 1830 und charakterisierte die Leitkategorie des »Bürgerkönigs« Louis-Philippe sowie der damals tonangebenden bürgerlichen Gesellschaftsschicht.

23 Höllenhund der griechischen Mythologie. Ein zumeist mehrköpfiger Hund, der den Eingang zur Unterwelt bewacht, damit kein Lebender eindringt und kein Toter herauskommen kann.

24 Eine Sammlung von zwölf zwischen 1834 bis 1836 von George Sand (1804–1876) veröffentlichten, nicht immer authentischen Reiseberichten.

25 Satirische Zeitschrift, die von 1832 bis 1937 in Paris erschien.

26 Ab 1527 wurde sie als ältere Schwester des französischen Königs Franz I. durch Heirat mit Henri d'Albret – dem König des östlich der Pyrenäen gelegenen alten Königreichs Navarra, dessen größerer Teil 1512 von Spanien annektiert worden war – zur Königin von Navarra. Sie war hochgebildet, förderte Dichter, Künstler und Gelehrte und war auch selbst Schriftstellerin.

27 Matteo Bandello (ca. 1485–ca. 1565) war ein italienischer Dichter. Er verfasste 214 Novellen nach dem Vorbild Giovanni Boccaccios.

28 Ein italienischer Schriftsteller und Poet, ein bedeutender Vertreter des Renaissance-Humanismus. Sein Erzählwerk *Decamerone* porträtiert mit bis dahin unbekanntem Realismus die Gesellschaft des 14. Jahrhunderts.

29 Als Zivilliste wird der jährliche Betrag bezeichnet, der einem Monarchen und seinen Angehörigen aus der Staatskasse zusteht. Darin enthalten sind die Abfindung zur Deckung eines standesgemäßen Lebenswandels und die Aufwendungen für den herrschaftlichen Haushalt.

30 François Charpentier (1620–1702) war ein französischer Romanist, Literat und Übersetzer. Er verfasste im Auftrag des damaligen französischen Finanzministers Jean-Baptiste Colbert eine Art Werbeschrift für die Französische Ostindienkompanie, die ihm einen Sitz in der neu gegründeten Académie des inscriptions einbrachte. Er setzte sich für die Beschriftung des Pariser Triumphbogens Porte Saint-Martin in französischer statt lateinischer Sprache ein. Schließlich wurde ihm die Aufgabe übertragen, das in der Romanistik berühmte Vorwort zum 1694 erschienenen *Dictionnaire de l'Académie française* zu verfassen.

31 Die Akademie für Inschriften und Literatur früher Académie royale des inscriptions et médailles und Académie royale des inscriptions

et belles-lettres, auch »la petite académie« genannt, war ursprünglich eine französische Gesellschaft zur Förderung der französischen Epigrafik (= Inschriftenkunde für Aufschriften auf verschiedenen Materialien). Heute ist die Académie eine gelehrte Gesellschaft für wissenschaftliche Forschungen, die sich Sprachen, Geschichte, Kunst und Kultur widmet.

32 Carlo Antonio Porporati (1741–1816) war ein italienischer Maler, Zeichner und Graveur. Das betreffende Gemälde *Der Tod Abels* stammt von dem niederländischen Maler Adriaen van der Werff (1659–1722) und datiert von 1699. Die hier erwähnte Gravur von Porporati nach diesem Gemälde wurde 1776 gefertigt.

33 Denis Diderot (1713–1784) war ein französischer Schriftsteller, Übersetzer und Philosoph.

34 Jean-Jacques Rousseau (1712–1778), aus der damaligen Stadtrepublik Genf gebürtiger Schriftsteller, Philosoph, Pädagoge und Naturforscher.

35 Die Krypta des Pariser Panthéon trägt die Inschrift: »Aux Grands Hommes! La Patrie Reconnaissante« (etwa »Den großen Menschen! Die dankbare Heimat«). Beispielsweise sind in der Krypta begraben: Émile Zola, Victor Hugo, Voltaire, Marie und Pierre Curie.

36 Gemeint ist wahrscheinlich der Journalist Louis-Marie Prudhomme (1752–1830), der wegen seiner ca. 1500 politischen Schmähschriften mehrfach inhaftiert wurde.

37 Gemeint ist wahrscheinlich der seinerzeit sehr bekannte Mineraloge und Oberbergmeister Cyprien Prosper Brard (1786–1838), der u. a. grundlegende Werke über Mineralogie und einen auch ins Deutsche übersetzten *Grundriss der Bergbaukunde* geschrieben hatte. Möglicherweise spielt Balzac hier auf Brards Werk *Minéralogie appliquée aux Arts* (etwa: *Mineralogie in der bildenden Kunst*) an.

38 Gemeint ist Sankt Audomar (ca. 600–ca. 670 n. Chr.). Er war der erste Bischof von Tarvanna im fränkischen Reich, der nach seinem Tod heiliggesprochen wurde. Da er ein intensives Studium religiöser Texte absolviert hatte, wurde er stets mit einem Buch dargestellt.

39 Heutiger Place de la Concorde, der größte Platz von Paris. Der weithin sichtbare Obelisk ist ein aus dem Luxor-Tempel in Ägypten stammender 23,50 Meter hoher Monolith aus dem 13. Jahrhundert v. Chr. Er ist ein Geschenk des Muhammad Ali Pascha für den König Louis-Philippe. Die etwa 1600 Hieroglyphen künden von den ruhmreichen Taten Ramses II. Der Obelisk soll den schwierigen Weg zum Erreichen der Eintracht (frz. concorde) in einem Volk symbolisieren.

40 Eine Straße an der Rive Gauche, dem linken Ufer der Seine in Paris. Die Straße entstand durch die Niederlassung von Klöstern und religiösen Gesellschaften. 1663 wurde dort das Séminaire des Missions étrangères (Seminar für die Auslandsmissionen) eingerichtet.

41 William Pitt Amherst, Earl Amherst (1773–1857) war Generalgouverneur von Indien und Sonderbotschafter im Kaiserreich China.

42 George Macartney, I. Earl Macartney (1737–1806) war ein britischer Staatsmann, Kolonialbeamter und Diplomat irischer Herkunft.

43 Balzac zitiert hier eine Legende über den russischen Feldmarschall Reichsfürst Grigori Alexandrowitsch Potjomkin, die nicht historisch belegt ist. Potjomkin war Gouverneur und Militärreformer, der sich unter Zarin Katharina II. um die Entwicklung Neurusslands bemühte. Nach der erwähnten Legende ließ er 1787 vor dem Besuch Katharinas im neu eroberten Neurussland Dörfer aus bemalten Kulissen entlang ihrer Wegstrecke zum Schein errichten, um das wahre Gesicht der Gegend zu verbergen (daher der deutsche Begriff Potemkin'sche Dörfer).

44 Deutsche Textstelle des Balletts aus dem dritten Akt der Oper *Guglielmo Tell* (*Wilhelm Tell*) von Gioachino Rossini. Der französische Text lautet: »Toi que l'oiseau ne suivrait pas!«

45 François-Antoine Harel (1790–1846) war ein Dramaturg, Journalist und Direktor des Théâtre de la Porte Saint-Martin. Balzac war mit Harel, der Balzacs später verbotenes Drama *Vautrin* 1840 auf die Bühne brachte, eng befreundet und führte mit ihm einen umfangreichen Briefwechsel.

46 Zivilbeamter der chinesischen Staatsverwaltung in der Ming-Dynastie (1368–1644) und der Qing-Dynastie (1644–1911). Mit diesem Begriff wurden auch die Offiziere des chinesischen kaiserlichen Militärs bezeichnet.

47 Ferdinand Verbiest (1623–1688) war ein flämischer Jesuitenmissionar.

48 Dominique Parrenin (1665–1741) war ein französischer Jesuitenpater, Missionar und Geograf.

49 Schlagwort für das Verhalten, seine Meinung oder sein Auftreten je nach Lage der Umstände zu ändern.

50 Jean Châtel (1575–1594) war ein junger Mann, der 1594 versuchte, Henri IV. zu ermorden. Zwei Tage nach dem Versuch wurde er auf der Place de Grève exekutiert, das Haus seines Vaters daraufhin zerstört. 1595 errichtete man dort ein Denkmal. 1605 wurde dieses Denkmal Châtels auf Betreiben der Gesellschaft Jesu beseitigt, da es antijesuitische Inschriften trug.

51 Auf den Kappen der chinesischen Mandarine befanden sich runde Kugeln, auch Knöpfe genannt. Je nach Rang waren diese Knöpfe aus unterschiedlichem Material, der höchste Rang besaß einen Rubinknopf. Bei leichteren Vergehen wurde der Knopf für eine bestimmte Frist entzogen.

52 Jean-Pierre Abel-Rémusat (1788–1832) war ein französischer Sinologe und Bibliothekar. Bedeutend war z. B. seine Korrespondenz mit Wilhelm von Humboldt über die Bedeutung der Wortstellung im Chinesischen.

53 Seit dem 13. Jahrhundert politisch privilegierter Hochadeliger in Frankreich.

54 Sitz der alten Pariser Bibliothèque nationale.

55 Die bretonische Sprache ist kein Überrest aus der gallischen Zeit, sondern wurde von keltischen Auswanderern aus England, die vor den Angelsachsen flüchteten, im 4. bis 6. Jahrhundert nach Frankreich gebracht.

56 Pierre-Antoine Berryer (1790–1868) war ein französischer Anwalt und Politiker. Er war zu seiner Zeit wegen seiner Beredsamkeit berühmt und hielt öffentliche Vorlesungen über Rhetorik. Ein rhetorischer Wettkampf unter jungen Pariser Anwälten trägt seinen Namen (La Berryer).

57 Jean Alexandre Combes (1812–1848) und Maurice Tamisier (1810–1875) waren französische Forschungsreisende, die 1838 gemeinsam das Buch *Voyage en Abyssinie* (*Reise nach Abessinien*) veröffentlichten.

58 Monarchie in Ostafrika auf dem Gebiet der heutigen Staaten Äthiopien und Eritrea von etwa 980 v. Chr. bis 1974.

59 In der Kolonialzeit eine Handelsniederlassung von Kaufleuten im europäischen Ausland oder in Übersee.

60 Thomas Arthur de Lally-Tollendal (1702–1766) war ein französischer General, der zum Gouverneur über alle französisch-ostindischen Niederlassungen ernannt wurde.

61 Bertrand François Mahé de La Bourdonnais (1699–1753) war ein französischer Admiral. 1724 zeichnete er sich bei der Einnahme von Mahé (Indien) an der Malabarküste aus und erhielt deshalb den

entsprechenden Namenszusatz. Ab 1734 war er Gouverneur der Inseln Mauritius (damals Île de France) und Réunion (damals Île de Bourbon).

62 Eine französische Gemeinde im Departement Hauts-de-Seine in der Region Île-de-France südwestlich von Paris.

63 Die Société de Géographie wurde am 15. Dezember 1821 im Hôtel de Ville in Paris gegründet. Zu den 217 Gründungsmitgliedern zählten u. a. Georges Cuvier und Alexander von Humboldt. 1879 wurde auf einem ihrer Kongresse der Bau des Panamakanals beschlossen.

64 Ursprünglich ein japanischer buddhistischer Mönch oder Priester.

65 Emanuel von Swedenborg (1688–1772) war ein schwedischer Wissenschaftler, Mystiker und Theosoph. Bei seiner Erkenntnis der göttlichen und geistigen Welt berief sich Swedenborg auf die Bibel und auf »Gespräche mit Engeln und Geistern«, die er nach seiner eigenen Aussage geführt haben will. Er unterschied zwischen einem inneren (geistigen) und einem äußeren (natürlichen) Menschen. Der geistige Mensch sei »im Glanz des Himmels«, er werde in der Lehre des Christus »lebendig« genannt. Der natürliche Mensch, der bloß im Licht der Welt sei, wird »tot« genannt. Der innere Mensch sei ein »Engel des Himmels« und der Mensch dazu bestimmt, dieser Engel in seinem Inneren zu werden, indem er die göttliche Weisheit und Liebe lebe.

66 Bettler, Bedürftiger in Neapel.

67 Der Aufstand der Seidenweber (Canuts) in Lyon 1831 war der erste große soziale Aufstand zu Beginn des Industriezeitalters in Frankreich. Er wurde, wie zwei weitere in den Jahren 1834 und 1848 am selben Ort, durch das Militär niedergeschlagen. Die Canuts siedelten ursprünglich im Stadtviertel Saint-Jean, das den Webern im Lauf der Zeit aber mit seiner Enge als zu ungesund erschien. Zu Beginn des 19. Jahrhunderts entschieden sie sich zur Verlegung ihres Handwerks

an die Hänge von Croix-Rousse. Anlass für die Unzufriedenheit der Seidenweber war eine seit Jahren anhaltende Minderung ihres Salärs im französischen Reich. Beim konstanten Herabsetzen der Abnahmepreise beriefen sich die Händler auf den ausländischen Wettbewerb. Im Gefängnis Saint-Paul in Lyon saßen viele Canuts, die ihre Schulden nicht mehr bezahlen konnten. Diese Vorgänge wurden 1862 von Victor Hugo in seinem Roman *Les Misérables* (*Die Elenden*) verarbeitet.

68 Adolphe Dubois de Jancigny (1795–186) war französischer Orientalist und Diplomat.

69 Balzac war von 1814 bis 1816 Zögling des Instituts Ganser in Paris.

70 Gemeint ist Eugène Panon Desbassayns de Richemont (1800–1859). Er war von 1826 bis 1828 Generalgouverneur von Pondichéry (heute Puducherry), einer Stadt in Südindien, die von 1673 bis 1954 die Hauptstadt Französisch-Indiens war.

71 Benvenuto Cellini war italienischer Goldschmied und Bildhauer (1500–1571), berühmter Vertreter des Manierismus.

72 Sir William Congreve (1772–1828) war ein britischer Artillerieoffizier und Ingenieur. Congreve wurde bekannt durch die nach ihm benannten Raketen. Die Congreve'sche Rakete war eine von ihm 1804 entworfene und entwickelte Kriegswaffe. Als Vorlage dienten ihm Kriegsraketen aus Indien. Der Treibsatz bestand u. a. aus Schwarzpulver. Die Raketen konnten von einer fahrbaren Abschussrampe, von einem tragbaren Stativ, von einem flachen Graben oder von einer Böschung aus abgefeuert werden.

73 Henri-Prudence Gambey (1787–1847) war ein französischer Erfinder und Erbauer von Präzisionsinstrumenten. Er erfand oder perfektionierte Messinstrumente wie z. B. den Sextanten, den Theodolit, den Heliostat, den Kompass oder das Teleskop.

74 Ludovico Ariosto, zu Deutsch Ariost (1474–1533), war ein italienischer Schriftsteller. Sein Hauptwerk war das Versepos *Orlando furioso*
(*Der rasende Roland*).

75 Pierre Corneille (1606–1684), französischer Dramatiker.

76 Jean Baptiste Racine (1639–1699), französischer Schriftsteller,
gilt zusammen mit Pierre Corneille als bedeutendster französischer
Dramatiker.

77 Raffaello Sanzio da Urbino (1483–1520), italienischer Maler und
Architekt der Renaissance.

78 Gedichtsammlung von Victor Hugo, die 1829 publiziert wurde.
Sie besteht aus 41 Gedichten, die dem damaligen Zeitgeschmack
entsprechen.

79 Gemeint ist Emma Hamilton oder Lady Hamilton (ca. 1765–1815).
Als gefeierte Schönheit, Künstlerin und Gesellschaftsdame gelang ihr
der gesellschaftliche Aufstieg aus einfachsten Verhältnissen. Sie war
ab 1791 Ehefrau des britischen Botschafters in Neapel sowie zwischen
1798 und 1805 die Mätresse des späteren britischen Admirals Horatio
Nelson. Damit lebte sie in einer damals skandalösen Dreiecksbezie-
hung. Durch die teilweise hüllenlose Schaustellung ihres jungen Körpers wurde sie als die »englische Venus« bekannt.

80 *Clarissa, or, The History of a Young Lady, epistolary novel* ist ein Brief-
roman des englischen Schriftstellers Samuel Richardson, der im Jahr
1748 in London erschien.

81 Gemälde von Eugène Delacroix (1798–1863). Er war einer der
bedeutendsten französischen Maler und gilt als Wegbereiter des
Impressionismus. Das besagte Massaker von Chios wurde von den
Osmanen im April 1822 an der griechischen Bevölkerung der Insel
Chios verübt.

82 Edward Young (1683–1765) war ein englischer Dichter. Der Tod seiner Frau veranlasste ihn zu seiner berühmtesten Dichtung *The complaint, or night thought* (*Klagen oder Nachtgedanken*). Diese düsteren und melancholischen Betrachtungen über Tod und Unsterblichkeit dienten als Vorlage für Novalis' Gedichtzyklus *Hymnen an die Nacht*.

83 Venezianischer Maler (1437–1516). Zusammen mit seinem Bruder Gentile begründete er die venezianische Malerschule der Frührenaissance.

84 Gemeint ist San Michele in Foro, eine aus dem 12. Jahrhundert stammende Kirche im italienischen Lucca.

85 Gemeint sind wohl Eroberungskämpfe in der Geschichte der verschiedenen chinesischen Reiche, möglicherweise in der vorchristlichen Zeit der »Sieben streitenden Reiche«, die schließlich zur ersten Kaiserdynastie führten.

86 Jacques de Beaune Baron de Semblançay (1445–1527) war ein französischer Finanzpolitiker. 1518 wurde er von König Franz I. zum Surintendant des Finances ernannt. In dieser Zeit erwarb er ein beträchtliches Vermögen. Ein Streit mit der Königinmutter Luise von Savoyen beendete seinen Aufstieg. Während des 6. Italienkriegs erlitt Frankreich eine Niederlage, die u. a. darauf zurückgeführt wurde, dass ein Teil der französischen Truppen zuvor demotiviert worden war, weil die Soldaten ihren Sold nicht erhalten hatten. Eine Nachfrage des Königs bei Semblançay nach dem Verbleib der dafür vorgesehenen 400.000 Écu führte zu dessen Eingeständnis, sie der Königinmutter zugesprochen zu haben, die vorgab, gegenüber der Krone einen entsprechenden finanziellen Anspruch zu besitzen. Luise von Savoyen verzieh Semblançay diese Denunziation nicht. 1524 wurde eine Kommission eingesetzt, die Semblançays Buchhaltung überprüfen sollte. Das umstrittene Ergebnis

dieser Buchprüfung war, dass Semblançay dem König 910.000 Écus schuldete. Zwei Jahre später wurde er bei einer Reise nach Paris festgenommen und in die Bastille eingesperrt. 1527 wurde er zum Tod durch den Strang verurteilt und am Gibet de Montfaucon, dem Galgen von Paris, hingerichtet. Später wurde er rehabilitiert, und man weiß mittlerweile, dass der König eigentlich ihm eine große Geldsumme geschuldet hatte.

87 Enguerrand de Marigny (um 1260–1315) war Kammerherr des französischen Königs Philipp IV. In der Regierungszeit Ludwigs X. wurde er wegen Münzverschlechterung, Plünderung der königlichen Wälder, Veruntreuung kirchlicher Fonds und sogar wegen Zauberei angeklagt. Seine Position als Schatzmeister des Königs schützte ihn nicht. Er wurde in einem Prozess verurteilt und in Montfaucon gehängt. Sein Körper wurde zwei Jahre hängen gelassen, bis 1317 ein neuer Prozess zu seinem Freispruch führte.

88 Thomas Wentworth, I. Earl of Strafford (1593–1641) war einer der führenden Politiker im Vorfeld des englischen Bürgerkriegs. 1640 wurde er von Karl I. zum Earl ernannt und avancierte zu einem der einflussreichsten Ratgeber des Königs. Als Vertreter des absoluten Königtums verurteilte ihn das Unterhaus 1641 zum Tode, obwohl das Oberhaus ihn in einem vorhergehenden Verfahren freigesprochen hatte. Wentworth wurde im selben Jahr enthauptet.

89 Hugues Aubriot (ca. 1315–ca. 1388) war ein französischer Jurist und Vogt. Von König Karl V. lange gefördert, verlor er jedoch während der Regierung der Herzöge jegliche Unterstützung. Er wurde verhaftet und 1381 wegen Häresie zu lebenslanger Haft verurteilt. Durch einen Aufstand im März 1382 befreit, konnte er aus der Stadt fliehen. Er suchte Schutz in Avignon, wo Papst Klemens VII. ihn 1383 rehabilitierte.

90 Jules Mazarin, eigentlich Giulio Mazarini (1602–1661), war ein französischer Diplomat italienischer Abstammung, Kardinal und Minister Frankreichs in der Nachfolge Richelieus.

91 Fiktive Figur eines üblen, skrupellosen Geschäftemachers aus dem 1823 uraufgeführten Drama *Auberge des adrets* von Benjamin Antier. 1835 gab es für dieses vom Publikum stürmisch umjubelte Stück eine Fortsetzung. Als dann der Schauspieler in der Maske des Königs Louis-Philippe auftrat, wurde die Aufführung untersagt.

92 Komödienfigur des ulkigen, intriganten Dieners und Spitzbuben.

93 Figur aus der Commedia dell'arte als Gestalt eines listigen Dieners und Gauners. Molière schrieb eine Komödie in drei Akten mit dem Titel *Les Fourberies de Scapin* (*Scapins Streiche*).

94 Jean-Gaspard Deburau (1796–1846) war ein böhmisch-französischer Pantomime. Typisch für ihn war die tragische Bühnenfigur des Pierrot, eines in fließend weiße Gewänder gekleideten mondsüchtigen Verliebten, der schweigend leidet.

95 Gemeint ist das Théâtre des Funambules, ein Theater am Boulevard du Temple in Paris, das von 1816 bis 1862 existierte.

96 Bootsbewohner in der chinesischen Provinz Kuangtung.

97 Der Holzkragen Kang (auch Cangue) war eine Bestrafungsmethode in China, Korea und Japan. Er bestand aus einem quadratischen Holzbrett mit einem kreisrunden Loch in der Mitte für den Hals. Der Kang verfügte über ein Scharnier und einen Verschluss, der beide Hälften des Bretts zusammenhielt. Er diente der Demütigung und Beschämung des Verurteilten.

98 Komödienfigur, die den Typ des pfiffigen, durchtriebenen Dieners darstellt, der seinen Herrn mit Schläue und Geschick aus allen heiklen Situationen rettet und mit den Kammerzofen schäkert (vgl. auch »Scapin« und »Mascarilla«).

99 Ein Internatsleiter in Passy, der 1842 ein kleines Werk von 31 Seiten mit dem Titel *Aux Parents. Bases d'une bonne maison d'éducation* (*An die Eltern. Grundlagen für eine gute Bildungsanstalt*) veröffentlichte.

100 *Das Waisenkind von China* ist eine Tragödie in fünf Aufzügen von Voltaire. Das Stück wurde 1755 in Paris uraufgeführt. Die auf dem chinesischen Theaterstück *Tchao-chi-coueulh* aus der Yuan-Zeit basierende Handlung spielt 1215 in Peking.

101 Reis half den chinesischen Baumeistern schon vor 1500 Jahren beim Anfertigen besonderer Mörtelmischungen, wobei der bei Bauarbeiten verwendete gelöschte Kalk mit Reissuppe versetzt wurde. Dies machte die Mischung fester und widerstandsfähiger und wurde für Gräber, Pagoden und Stadtmauern eingesetzt, u. a. auch für Teile der Chinesischen Mauer.

102 Bezeichnung für eine mit dem Elektromagnetismus vergleichbare Kraft am Menschen, die als »Mesmerismus« von Franz Anton Mesmer (1734–1815) propagiert wurde. Mesmer selbst sprach vom »tierischen Magnetismus«. Die Lehre beruhte darauf, dass Ursache von Krankheiten eine Behinderung des freien Flusses des »animalischen Magnetismus« sei. Die daraus entwickelte Heilmethode, die auch Hypnosetechniken einsetzte, erfuhr zunächst große öffentliche Beachtung, wurde aber seit Mitte des 19. Jahrhunderts zunehmend abgelehnt.

103 Hierzu schrieb Borget in seinem Werk: »Ich beobachtete, dass die meisten Kunden während der Rasur schliefen; dies konnte ich mir zunächst nicht erklären, aber eines morgens sah ich einen Mann, der sich auf einen abseits stehenden Schemel setzte; ich begann, ihn zu zeichnen, als der Barbier, anstatt mit seiner Arbeit zu beginnen, sich vor seinen Klienten stellte, zunächst dessen Hände ergriff und dann seine eigenen Hände mehrfach wiederholend auf die Schultern und

vor das Gesicht des Mannes hielt; dieser fiel sehr bald in einen süßen Schlummer, wenn nicht sogar in tiefen Schlaf. Dann verfuhr der Barbier mit dessen Kopf nach Belieben, denn er ließ sich leicht in alle Richtungen bewegen, in die man ihn drückte. Als die Operation beendet war, schüttelte der Barbier sanft seinen Kunden und weckte ihn auf. Seitdem hatte ich dieses Verfahren häufig erleben können; gewiss hätte ich es kaum für möglich gehalten, in China den Magnetismus vorzufinden, und mein Erstaunen war groß, als ich diese Methode zum ersten Mal angewendet sah.«

104 Jean-Gabriel Perboyre (1802–1840) war ein französischer Ordenspriester und Märtyrer. Auf eigenen Wunsch war er ab 1835 als Missionar in den chinesischen Provinzen Honan und Hupe tätig. Wegen seines christlichen Wirkens wurde er in China 1839 verhaftet und musste in der Folgezeit furchtbare Qualen und Folterungen in verschiedenen Gefängnissen durchstehen. 1840 wurde er zum Tode verurteilt, an einem Kreuzgalgen aufgehängt und langsam erdrosselt. 1889 sprach man ihn selig und 1996 heilig.

Reise von Paris nach Java

In der von Herrn Charles Nodier[1] in einem
Kapitel aus seiner »Geschichte des Königs
von Böhmen und seiner sieben Schlösser«
geschilderten Weise, wo er sich mit verschiedenen
Transportmitteln befasst, die von einigen frühen
und modernen Autoren eingesetzt werden.

Ich bitte Eure Majestät inständig, jene Arabesken

in Augenschein zu nehmen, die mit einem Frauenkopf beginnen

und in einem Krokodilschwanz enden ...

    (Girodet[2] zu Napoleon)

Wie der selige Robinson Crusoe wurde ich viele Jahre von einem heftigen Verlangen gepeinigt, eine längere Reise zu unternehmen. Die Halbinsel des Ganges und seine Archipele, die Sundainseln und ganz besonders die asiatische Dichtkunst wurden immer mehr zum tyrannischen Ziel meiner Wünsche. Sind fixe Ideen etwas Gutes oder etwas Schlechtes? Ich weiß es nicht. Die einen verhelfen uns zu politischen Systemen oder literarischen Denkmälern, die anderen bringen uns ins Hospiz zu Charenton.[3] Gleichwohl wäre es, bis man eine Lösung für dieses gewichtige Problem gefunden hat, ganz sinnvoll, die hohen täglichen Kosten für solche Vorhaben in Betracht zu ziehen.

Die Passage nach Indien ist sündhaft teuer; aber so leicht es auch ist, die Ausgaben zu beziffern, wenn man die Reise unternimmt, so wird es unmöglich, die Aufwendungen zu überblicken, wenn man das Vorhaben nicht realisiert, und schließlich werden sie ruinös. In der Tat, wie viele vergeudete Stunden! ... Ich meine nicht die durch Unachtsamkeit entstandenen Schäden: ein glimmendes Holzstück auf dem Teppich, das umgestoßene

Tintenfass, ein angesengter Pantoffel etc., wenn Sie etwa Künstler, Schriftsteller oder Geistesmensch sein sollten. Nein! Denken Sie nur an die vergeudeten kostbaren Momente, an die sinnlos verlorenen Schätze der Seele und des Geistes während der Stunden, die man mit dem Betrachten der Ornamente auf den Marmorkacheln am Kamin verbringt ... Nun, Zeit ist Geld – besser noch: Sie ist Genuss, sie ist die unermessliche Zahl der Dinge, die wohl in jenem Abgrund erschaffen wurden, zu dem alles hintreibt, aus dem alles entspringt, der alles verschlingt und alles hervorbringt. Träumen: Heißt das nicht, sich von der reizenden Geliebten heimlich zu entfernen oder von sich selbst, der mit ihr so glücklich ist?

So brachten mich – will ich die Ursachen für meine Zeitverschwendung benennen – oftmals ein Wort in einem Satz, die Rubrik in einer Zeitung, der Titel eines Buchs, die Begriffe Mysore[4] und Hindustan[5], die gerollten Blätter meines Tees, die chinesischen Bilder auf meiner Untertasse, ein Nichts quer durch das Gewirr der Betrachtungen zwangsläufig an Bord eines Schiffs der Fantasie und ließen die tausend Wonnen meiner imaginären Reise aufkommen.

Neben anderen kostspieligen Dingen besitze ich zwei mexikanische Vasen, die mir Schoelcher[6] verkauft hat und die mich täglich drei oder vier Stunden kosten ... Ich ließ das Buch sinken, aus dem ich dringend gewisse Informationen bekommen wollte – wobei mir die Begriffe Bajadere[7], Kolibri, Sandel und Lotus begegnet waren –, und wurde von lauter Hippogryphen[8] in eine Welt der Düfte, Frauen, Vögel und Blumen getragen! ... Dann blieben meine Blicke an einer der seltsamen Chimären auf den mexikanischen Vasen hängen: ein auf einem Sessel hockendes Kaninchen, das eine mit Schnurrbart und Sporen ausstaffierte Schlange ideologisch bearbeitet – ein Symbol für tausend literarische oder politische Idiotien. Versunken in nutzlose Nachdenklichkeit – verbotene Frucht für traurige Menschen und Schriftsteller, zwei Exemplare derselben Spezies – schnupperte ich Indiens Düfte. Ich verirrte mich mitten in diese grandiosen Länder, denen England heutzutage wieder ihre uralte Zauberkraft zurückgibt. Der imperiale Luxus Kalkuttas, die Wunder Chinas, die Insel Ceylon – diese Lieblingsinsel arabischer Erzähler und Sindbads des Seefahrers – stellen alle Wunderwerke von Paris in den Schatten.

Von einem Traum zum anderen saß ich schließlich nur noch passiv da und wurde tatsächlich von einem eigenartigen Heimweh nach einem unbekannten Land erfasst.

An einem Tag im November 1831 befand ich mich mitten in einem der schönsten Täler der Touraine, wohin ich mich begeben hatte, um mich von meinen fixen Ideen zu kurieren. Es war ein wunderschöner Abend, unser Himmel war klar wie in Italien, als ich in fröhlicher Stimmung vom kleinen Castel de Méré[9] – einstmals im Besitz von Tristan[10] – zurückkam. Da versperrte mir ganz plötzlich in Höhe des alten Château de Valesne[11] ein vor mir auftauchendes Phantombild des Ganges den Weg. Das Wasser der Indre hatte sich in jenen ausgedehnten indischen Fluss verwandelt. Einen alten Weidenbaum hielt ich für ein Krokodil und die Steinmauern von Saché[12] für die anmutigen und schlanken

Bauwerke Asiens ... Wahnvorstellungen begannen nun, die Schönheiten meiner Heimat zu entstellen; dem musste Einhalt geboten werden. Und somit war alles entschieden! Trotz der rauen Jahreszeit beschloss ich, mich auf die Reise zu den Besitztümern der holländischen und britannischen Majestäten zu machen. Hektisch wie die Einwohner von Chinon[13] begab ich mich schleunigst nach Tours, stieg dort in die Postkutsche und beeilte mich, Aufträge von zwei Freunden entgegenzunehmen, bei denen ich auf meiner Reiseroute vorbeikam. In Bordeaux wollte ich an Bord gehen und verließ mich auf das berühmte Motto: *Alle Wege führen nach Rom!*

Nichts könnte das Glücksgefühl und die tiefe Ruhe beschreiben, die mich überkamen, als ich in jenem Wagen fuhr, der mich ohne Zweifel nach Chandernagor[14] und zu den Lakkadiven[15] bringen würde. Im sicheren Bewusstsein, dass ich meine weite Reise begonnen hatte, ließen mich Sumatra, Bombay, der Ganges, China, Java und Bantam in Ruhe, und ich betrachtete die eintönigen Felder des Poitou mit unsäglichem Vergnügen. Ich sagte Frankreich Lebewohl. Bei jedem Dorf dachte ich:

– »Wann werde ich es je wiedersehen?«

In meiner Entschlossenheit gab es eine gewisse *eccentricity* – so hätte es Lord Byron ausgedrückt, wenn er noch lebte –, wie sie kein normaler Reisender hat. Ich verreiste mit meinem Anzug, einigen Rasiermessern, sechs Hemden und einigem leichten Gepäck, als führe ich einen Nachbarn besuchen. Ich nahm weder Medikamente gegen die Cholera noch billige Tauschware, weder Gewehr noch Zelt oder Feldbett mit – also keines der tausend unnützen Dinge für die Reise. Erstaunlich gut hatte ich begriffen, dass das Leben – egal, ob hier oder dort – überall gleich sein muss und dass ich umso besser reisen würde, je weniger Plunder ich mitnähme.

Um diese erzwungene Mittellosigkeit vor mir selbst zu rechtfertigen und mich zu stoischem Gleichmut zu bekehren, gedachte ich jenes tiefgründigen Philosophen[16], der im vorigen Jahrhundert – außer einigen Seeüberfahrten – zu Fuß den Globus umrundet und dabei pro Jahr nicht mehr als 50 Louisdor ausgegeben hatte. Friedrich II. wollte ihn sehen und befahl extra für ihn eine Parade. Der Reisende – es war ein Franzose – lehnte es ab, auf ein Pferd zu steigen. Der König ließ ihn mitten auf dem Platz in Potsdam stehen und befahl, mit ihm wie mit einem Hindernis zu verfahren, und die königlichen Truppen öffneten vor dem Fremden ihre Reihen. Friedrich fragte ihn, ob er etwas Nützliches für ihn tun könne. Der Wanderfalke bat den Monarchen, ihn in Berlin an das Geld kommen zu lassen, das in Dresden für ihn hinterlegt worden war. Diese Erwiderung ist in ganz anderer Weise so grandios wie das *Geh mir aus der Sonne!* –, das Diogenes in ähnlicher Situation zu Alexander sagte.

Ich nahm mir vor, es diesem heute vergessenen Franzosen gleichzutun, dessen tiefe Erkenntnis und Sparsamkeit Friedrich bewunderte ... Ich habe nie erfahren, wie es diesem Wander-Lapeyrouse[17] weiterhin ergangen ist. Oft beschäftigt mich dieses von einem ebenso reichen wie unbekannten Schicksal endlos gewebte Drama stundenlang. Wie viele Menschen – voll innerer

Werte wie jener – sind in verlassenen Gebieten umgekommen, und die gelehrte Welt wird niemals etwas von ihnen überliefert bekommen! ...

Um meinen Nachbarn vom königlichen Observatorium[18] nützlich zu sein, war ich bedacht, meine Reise sehr umsichtig zu unternehmen. Hätte ich nur einen Irrtum hinsichtlich des bestens bekannten Breitengrads oder des obskursten Längengrads richtiggestellt oder würde ich nur winzige unbekannte Weichtiere einsammeln oder Fehler bei den Nullmeridianen ans Licht bringen – wissenschaftliche Untersuchungen, die mir übrigens völlig schleierhaft sind –, dann käme mir meine Reise vor, als ob ich mit der Tüchtigkeit Lord Macartneys[19], Amhersts[20] oder desjenigen Lords konkurrieren könnte, für den Sie sich aus dem Kreis der Forschungsreisenden nach Afrika, Asien, Australasien etc. entscheiden möchten. All jene habe ich immer für große Scharlatane gehalten. Vor allem nahm ich mir vor, meine Reisebeschreibung so zu verfassen, dass sie märchenhafte Züge bekommt, damit sie gleichermaßen von Gelehrten und Kindern gelesen und von all jenen geglaubt wird, die an alles Unglaubliche glauben.

Mit diesen Vorsätzen kam ich nach Angoulême, wo ich Station machen wollte ... Vor meiner Weiterreise begab ich mich also zur Pulverfabrik, die der selige General Rutty[21] am Ufer der Charente erbauen ließ.

Diese in gigantischem Stil konzipierte Fabrikationsstätte hatte den Staat die Kleinigkeit von einer Million gekostet, und die Regierung lässt nun dort – infolge der Leidenschaft, die wir für Widersprüchlichkeiten hegen – selbstverständlich nur sehr wenig Schießpulver herstellen. Das ist wahrhaftig nach französischem Geschmack, der sich bei allen Gelegenheiten immer wieder zeigt. So zum Beispiel, wenn Sie in Paris an einem Geschäft ein Werbeplakat hängen sehen, das wasserdichte Stiefel oder Hüte anpreist ... Sie können davon ausgehen, dass diese das Wasser noch schneller aufsaugen als alle anderen! Bleiben wir jedoch fair gegenüber der öffentlichen Verwaltung, sie passt sich unseren Widersprüchlichkeiten und unserer gallischen Gesinnung recht gut an. In dieser Hinsicht ist sie äußerst national. Vom Verlauf unserer Revolutionen bis hin zu den Schildern unserer Händler: Bekommen wir in Frankreich am Ende nicht immer wieder genau das Gegenteil von dem, was wir eigentlich wollten? ...

Aber da eine parlamentarische Untersuchung von Fehlern der öffentlichen Verwaltung nicht der Zweck meiner Reise war, erhielt die staatliche Fabrik meine volle Bewunderung; wenig Gedanken an Kritik verschwendend saß ich nach einem guten Nachtschlaf, bei dem ich mich von meinen Strapazen erholen konnte, am Abend des nächsten Tages mit drei Freunden vor einem fröhlichen Feuer. .   .   .   .
.   .   .   .

Erlauben Sie mir, all den persönlich gefärbten Unsinn, mit dem meine Vorgänger ihre Berichte begannen, wegzulassen. Kurzum, überqueren Sie schnell den Ozean und die Meere Asiens, legen Sie die langen Strecken auf einer mit recht guten Segeln ausgestatteten Brigg zurück, und lassen Sie uns rasch zum Ziel kommen: nach Java, meiner Lieblingsinsel ... Wenn es Ihnen dort gefällt, wenn meine Beobachtungen Ihr Interesse finden, dann werden Sie für die Unannehmlichkeiten der Anreise entschädigt.

Sollten Sie allerdings so sein wie ich, dann würde ich Sie bedauern ... Ich gestehe zu meiner Schande, dass die Dinge, die mich in einer Angelegenheit am meisten faszinieren, immer genau diejenigen sind, von denen ich am allerwenigsten verstehe ...

Wenn mir ein Reisender von der Passage zwischen ich weiß nicht welchen Inseln, von Monsunen und Strömungen, von der Anzahl Brassen, die er an dieser oder jener Stelle fand – was mich genauso viel schert wie Adams Rippe –, von Riffs, Minuten, Logs, hohen oder tiefen Leesegeln, von der Takelage, von Liektauen, vom Ankerlichten, von der Himmelsposition etc., von Blumen, Pflanzen mit der Endung -ia, die zu den Dicotyledonen oder Dichotomen gehören, von Corollae personatae, Orobanchoiden, Laminariae digitatae etc. oder von Nacktschnecken mit Tentakeln, Clavipalpes, Globulicornes, Marsupiales, Hymenoptera, von Muscheln mit zwei Schalenklappen, von Muscheln ohne Schalenklappen (wie die das wohl machen?), von Hymenopoden, Gastropoden oder Dipteren etc. erzählt: Nun, dann schaue ich das Buch mit großen Augen an und versuche, von dieser barbarischen Begriffsflut etwas mitzukriegen. Ähnlich den Leuten, die auf dem Pont-Neuf stehen bleiben und sinnlos auf den Fluss starren, nur weil alle um sie herum dorthin blicken, suche ich im

Nichts das Unbekannte mit dem Eifer eines Chemikers, der hofft, Diamanten auf der Basis von Holzkohle herzustellen ... Solch ein Buch erweckt in mir eine ähnliche Faszination wie der Blick in einen Abgrund. Die Lektüre unverständlicher Werke wie zum Beispiel *Die Apokalypse* – und in der Literatur gibt es heutzutage jede Menge apokalyptischer Bücher! –, vor allem aber die über wissenschaftliche Reisen, ist für meine Seele wie ein Hindernis in der Dunkelheit – gerade so, wie es beim Kampf Jakobs mit dem Engel des Herrn[22] war. Und oft ist es mir genauso wenig wie dem Stammvater vergönnt, den Engel erkennen zu können ...

»Java! Java! ... Land! Land!«

Kommen wir wieder zum Thema! ...

Ich gebe zu, dass für einen Europäer, vor allem für einen Dichter, kein Land so köstlich ist wie die Insel Java! ... Ich werde Ihnen von Dingen erzählen, die mir sehr stark im Gedächtnis haften geblieben sind, aber unsortiert, nach den Launen meiner Erinnerungen! Ein Reisender vergisst immer das Unwichtige. Wenn ich auch in literarischer Hinsicht nicht sehr logisch vorgehe, so werde ich meine Eindrücke doch nach ihrer Stärke sortieren. Daher will ich mich zunächst mit dem beschäftigen, was einen Mann, der von Bord eines Schiffes geht, am allermeisten persönlich und unmittelbar beeindruckt.

In Paris lebt man nach Lust und Laune: Man spielt, liebt und trinkt, so wie es einem gerade gefällt, und wird dessen sehr bald überdrüssig. Aber auf Java liegt der Tod in der Luft: Man ist ständig von ihm umgeben; er liegt im Lächeln einer Frau, in einem verstohlenen Blick, in einer hinreißenden Geste, im Flattern eines Kleids. Wenn Sie dort vorhaben, zu lieben und Ihren Neigungen zu folgen, dann werden Sie grausam zu Tode kommen ... Welch gefährliche Verlockungen erwachsen aus dieser Menge an Sinneseindrücken! Hören Sie nicht auf sie! Sie müssen sich selbst im Griff haben, vor allem genügsam bleiben, sich mit Stärkungsmitteln kräftigen und sich nicht sinnlos verausgaben. Nachdem ich nun fein säuberlich dieses kleine Mene, Tekel, Peres[23] auf Ihre Tafeln geschrieben habe, erleben Sie die Gegenwart der Javanerinnen. Die Todesstrafe vor Augen sind Sie tugendhaft geworden und lernen nach und nach die lästigen Versuchungen des Heiligen Antonius kennen, das Schwein[24] allerdings weniger.

Zunächst einmal müssen Sie grundsätzlich davon ausgehen, dass die Frauen von Java ganz versessen auf Europäer sind. Sodann lassen Sie mich Ihnen die unvergleichlichen Eigenschaften beschreiben, die das schöne javanische Geschlecht prägen. Die Frauen sind weiß und glatt wie Papier aus Bath; ihr Teint hat keinerlei Farbnuancen; ihre Lippen sind blass, ihre Ohren und Nasen völlig weiß; von dieser eigenartigen Blässe heben sich lediglich ihre braunen Augen und die schönen, pechschwarzen Augenbrauen ab. Die Pracht ihrer Haare ist ohne Beispiel. Wenn sie ihr Haupthaar schütteln, sind sie fast alle wie unter einem auch für das schärfste Auge undurchsichtigen Dach verborgen und der lange Schleier fällt nach allen Seiten zu Boden. Diese kostbare Zierde, auf die sie unsagbar stolz sind, ist das Objekt äußerster Sorgfalt. Die kleinen Inselherrscherinnen verbrauchen Ostindiens gesamte Produktion von Makassar-Öl[25]. Nicht ohne lachen zu müssen denke ich dabei an das Vermögen von Herrn Naquet[26], der mir seinerzeit erklärte, dass noch keine zwei Liter davon nach Frankreich importiert worden waren. Er verkaufte es in vielen tausend kleinen Fläschchen. Würden Sie mit Ihren Händen durch das üppige und duftende Haar einer Javanerin fahren, dann empfänden Sie nur tiefste Verachtung für die kurz geschnittenen Haare, welche die Europäerinnen so mühelos unter einer Haube verstecken.

In der Mehrzahl sind die Frauen reich und oft Witwen. Am Tag nach seiner Ankunft kann ein wohlsituierter Europäer so prunkvoll Hochzeit halten, wie er es sich während der ersten Stunden seiner sich in die Länge ziehenden, kalten Nächte ausgemalt hatte. Der maßlose Luxus, der ausgesuchte Geschmack, die Poesien des in Asien so gemächlichen Lebens verbinden sich mit den Verlockungen der Javanerinnen, um Sie in tödlichen Wahnsinn zu treiben – vor allem nach einer langen Überfahrt.

Dort haben alle Augen die sehnsuchtsvolle Glut des Gazellenblicks; dort ruhen weiße, zauberhaft verführerische Füße auf Kissen aus Seide und Kaschmir. Ich war immer wieder in Versuchung, sie als Feenfüße zu bezeichnen, ähnlich wie Perrault[27] es tat.

Eine vornehme Javanerin trägt meist nur einen Umhang aus Musselin, der vom Hals bis auf den Boden fällt und nur um die Taille herum mit einer einfarbigen Seidenkordel festgezogen wird. Ihre Diamanten, Perlen, Ringe und Juwelen werden reichlich an die Sklavinnen verteilt, die ihr dienen. Wenn auch Areka- und Betelnüsse ihre Zähne dunkel färben, so bleibt ihr Atem doch immer angenehm.

Nur selten können Europäer dem Schauspiel dieser feenhaften Zauberwelten widerstehen. Was mich betrifft, ich war ihnen verfallen, trotz der grauenhaften Mahnung, die den Javanerinnen auf der Stirn geschrieben steht – dass sie fast alle fünf- bis sechsmal geheiratet hatten und fünf- bis sechsmal Witwe wurden. Was könnte es Verlockenderes für einen Künstler geben, als sich mit diesen bleichen, zarten, zierlichen, vampirhaften Frauen zu messen? ...

Während langer, schwermütiger Zeiten und insgeheimer Verzweiflungen, die mich im Alter zwischen zwanzig und zweiundzwanzig Jahren heimsuchten, hatte ich mich mehr als einmal dem freudigen Verlangen nach Selbstmord hingegeben, ohne allerdings je weiter als an den Rand des Bastille-Grabens gekommen zu sein – und das zu einer Zeit, in der darin überhaupt kein Wasser war! Der köstlichste meiner geplanten Selbstmorde war allerdings der durch Liebesexzesse begangene. Ich konnte mir nichts Poetischeres, nichts Eleganteres vorstellen als diese süßen Entkräftungen, diese totalen Erschöpfungszustände, die mich unmerklich ins Nichts führen sollten. Nun, diese unsinnigen Träume wurden durch meine Heirat auf Java zur Realität.

Auf dieser Insel ist der Genius des Weiblichen wesentlich weiter entwickelt als an irgendeinem anderen Ort der Welt. Die Frauen besitzen dort eine angeborene Geschmeidigkeit. Sie können sich ringeln wie die anmutigsten Reptilien; sie beugen sich vor, sie weichen zurück, sie verkriechen sich, sie rollen sich ein, sie entrollen sich wieder und erheben sich so grandios wie Lianen oder Winden. Sie fühlen die Liebe wie eine chemische Hitzereaktion, die zwei Substanzen beschleunigt, während die eine der anderen Farbe und Kraft entzieht. Der Körper einer Javanerin macht einen äußerst wendigen Eindruck; er ist zu rasanten Drehungen im Stande, wie man sie bei wilden Tieren bestaunt, wenn sie sich überrascht aus dem Blätterlaub, in dem sie schliefen, aufrichten und dann die Flucht ergreifen. Diese Frauen sprühen Funken, sie knistern, sie entbrennen, sie flammen auf; dann werden sie ruhig, sie rekeln sich, und wie die stille See den Himmel widerspiegelt, so spiegeln sie – von ihren leidenschaftlichen Spielen für einen Augenblick ermattet – das Glück auf ihren rosigen Gesichtern.[28]

Das ist die Liebe in all ihrer Poesie. Die feurige Liebe, die undankbare Liebe, die gewissenlose Liebe! Die Javanerinnen beweinen niemals den Mann, den sie zu Grabe tragen. Nachdem sie ihn noch mehr angehimmelt haben, als sie Gott je lieben könnten, vergessen sie ihn! ... Das hat gewisse Ähnlichkeit mit der Perfektion einer Maschine, die ihren Erfinder zermalmt! ... Kurzum, anderswo lässt einen die Liebe leben, dort stirbt man an ihr! Alsdann sucht die Liebe unbekümmert ihr nächstes Opfer – genau wie die Natur, die ihren Lauf ohne Rücksicht auf ihre Geschöpfe nimmt. Und so konsumieren die Javanerinnen jede Menge Europäer.

Vielleicht sollte man Ehemänner nach Java exportieren, so wie man Schiffsladungen junger Engländerinnen nach Bengalen exportiert hat. Es ist erstaunlich, dass man in Paris diese Perspektive noch nicht den dienstmüden Leutnants, den erfolglosen Autoren, den Schauspielern ohne Engagement und all jenen aufgezeigt hat, die wahrscheinlich im Kerker von Sainte Pélagie[29] landen werden. Das wäre ein viel natürlicherer Geschäftszweig als dieser Menschenhandel, der so dreist bei jeder neuen Rekrutierung praktiziert wird und unter dem Namen *Militärdienst* bekannt ist. Gelangweilte Menschen sollten allesamt nach Java gehen. An jenem Ort würden sie ein Dasein vorfinden, das so farbenfroh ist wie der Tod des Sardanapal[30]. Man lebt dort auf einem Scheiterhaufen!

Durch ein Unglück wurde ich von meiner süßen Qual erlöst: Meine Javanerin starb, und ich vermisste sie wirklich sehr. Vor meiner Abreise zum Ganges überreichte sie mir das liebevollste Geschenk, das eine Javanerin machen kann: Sie gab mir eines ihrer Haare, das sie auf einen Karton gewickelt hatte. Wenn ich dieses endlos lange Haar als Kuriosität zeige, dann erlebe ich jede Menge Skeptiker, die es für etwas ganz anderes halten; und auch mich überbekommen Zweifel an manchen Tagen, an denen ich nicht mehr an dieses Haar glauben mag. Aber das sind für mich dann jene Tage, an denen mir der Himmel sehr verlassen vorkommt!

Ein Kenner jenes Landes hat mir mit sehr nachvollziehbaren Begründungen bewiesen, dass der Grund für die Blässe der

Javanerinnen deren einzigartiger Haarwuchs ist. Ich hebe diese Dokumente sowie auch mehrere andere Einzelheiten, die nicht veröffentlicht werden sollten und Licht in gewisse physiologische Fragen bringen könnten, für die Wissenschaftler auf.

Bevor wir uns jedoch einem anderen Thema zuwenden, ist es wichtig, einen für den Ruf der Javanerinnen wichtigen Aspekt zur Diskussion zu stellen.

Nach meiner Rückkehr hatte ich einige Auszüge über die Java-Reise eines sehr berühmten Naturforschers gelesen, der nur in Surabaya angelegt und sich dort sehr kurze Zeit aufgehalten hatte. Er schrieb, die Frauen auf Java seien generell ziemlich hässlich. Sollte er Malaiinnen der Unter- und Mittelschicht gemeint haben, dann stimme ich ihm zu. Die bleiche und langhaarige Javanerin, deren Lebensgewohnheiten ich beobachten konnte, ist eine wohlhabende Frau. Nun gibt es aber in allen Ländern enorme Unterschiede zwischen der weiblichen Bevölkerung aus der Aristokratie und derjenigen aus den unteren sozialen Schichten.

Derselbe Autor betonte ganz besonders den Hang zur Eifersucht, der für das schöne Geschlecht auf Java kennzeichnend sein soll. Den schnellen Tod der Europäer schreibt er der Rachsucht der Javanerinnen zu, denen er große Kunstfertigkeit nachsagt, bestimmte vergiftete Tränke zuzubereiten. Wiewohl die Frauen auf dieser Insel solche Mittel kaum benötigen, um ihren Liebhabern oder Ehemännern auf schnellstem Wege die Kräfte zu rauben, so glaube ich doch ohne Weiteres an ihre Eifersucht und deren unheilvolle Auswirkungen. Dort, wo die Liebe so lebensgefährlich und außergewöhnlich ist, muss jede Frau mit ihren Schätzen geizen.

Ich gebe zu, dass die Heucheleien und heimlichen Racheakte der Javanerinnen keinesfalls mit denen der Europäerinnen vergleichbar sind. Obwohl ich Gelegenheit hatte, so viele Facetten ihres Charakters kennenzulernen, und ich besser von ihnen dachte, so halte ich sie doch für schön und voller Poesie – ergänzt um jene beiden anderen Leidenschaften. Sie wollen Sie so voll und ganz, dass sie Ihnen keinen einzigen Blick auf ihre Rivalin verzeihen! Aber wenn auch die Genüsse teuer und riskant erkauft werden, so muss man doch zugeben, dass sie überwältigend sind. Ähnlich wie Poesie, Malerei und Wissenschaft die Dichter, Künstler und Gelehrten verbrennen, sind diese Frauen – so wie das Geniale – eifersüchtig und erbarmungslos. Ihre Liebe ist geradezu ein Feuer, sie ist sengend!

Am Morgen nach meiner Hochzeit hörte ich durch poetische Fügung, die das Delirium meines allerlieblichsten Erwachens steigerte, zum ersten Mal den Gesang des *Bengali*-Vogels[31].

Hätte die Insel Java nicht mehr die prachtvolle Zierde ihres ewigen Frühlings, nicht mehr ihre schönen Landschaften, ihre Urwälder, ihre wirbelnde Stadt, wo sich alle Nationen tummeln und der Luxus Ostindiens mit dem von Europa verschmilzt, hätte sie nicht mehr ihre sinnlichen Huris[32] und bliebe ihr nur der Bengali-Vogel, dann würde es sich immer noch lohnen, die Wallfahrt nach Java anzutreten, um erfahren zu können, wie weit die Natur dem Menschen im musikalischen Können überlegen ist.

Ich könnte nicht alle Empfindungen zum Ausdruck bringen, die der javanische Bengali-Vogel in mir wachruft. Sein Gesang enthält alles. Sein Gesang erweckt alle vorstellbaren Poesien wie eine großartige Erinnerung. Bisweilen entfacht seine Stimme in mir die frischen und köstlichen Gefühle der ersten Liebe. Mal singt er von Heimat und Kindheit, mal bringt er die fantastischen und unsagbaren Träume innigster Schwermut zum Ausdruck. Ganz plötzlich kommt er dann mühelos und voller Anmut zum lang ersehnten magischen Effekt, zum Überwinden aller Hindernisse, was den Glanz jedes Virtuosen ausmacht: Die rasch perlende Sequenz von Klaviertönen, die Nuancen der Saiten, die Klänge der Physharmonika[33], welche die Seele streicheln. Er ist der Sänger aufrichtiger Gefühle.

Einem Bengali-Vogel zu lauschen, wenn an der Seite einer befriedigten Javanerin nur die Seele noch ein wenig Kraft behalten hat, ist eine der asiatischen Wonnen, die mit nichts zu vergleichen ist. Der Vogel spiegelt Ihre Gedanken wider, singt von der stillen Sinnlichkeit Ihrer Blicke, bringt Ihnen die schon vergangenen Köstlichkeiten zurück und haucht diesen durch die aphrodisische Anmut seiner Intonationen neues Leben ein! ... Nun spricht er zum Herzen und berührt es aufs Neue, wenn Ihre Gefühle schon verstummt sind. Vielleicht hat der Bengali-Vogel eine glückliche Seele.

Zudem hat die verschwenderische Natur diese Vögel golden, purpurn und smaragdgrün gekleidet. Sie sind die Juwelen der

Lüfte – Edelsteine, die um Euch schwirren. Jenseits der Azoren verliert diese arme kleine Luftblüte ihre Stimme … Dieser göttliche Vogel lebt vom Naschen an Rosen und nährt sich von Düften. Er liebt und ist treu. In Bengalen und auf Java gibt es eine bestimmte Rose, der er so grenzenlos verfallen ist, dass er nur in ihrer Blüte aufleben kann. Sobald er eine von ihnen erblickt, fliegt er zu ihr hin, lässt sich auf ihr nieder, badet und suhlt sich in ihr. Er küsst sie, nascht an ihr, hüpft auf ihr und singt ihr seine lieblichsten Koloraturen. Es scheint, als fände er dort ein anderes Leben, eines, nach dem wir uns alle sehnen. Vielleicht gibt es bei den Menschen keine solche Hingabe wie die des Bengali-Vogels an seine Lieblingsrose.

Was die Naturkunde betrifft, so bin ich leider ein schlimmer Ignorant, sodass ich mich hinsichtlich all dieser Wunder lediglich auf bescheidene Beobachtungen stützen kann. Daher kann ich Ihnen weder sagen, über wie viel Schwungfedern dieser Poet verfügt, noch genau, an welcher Stelle seines Schnabels die Nasenlöcher sitzen, ob Ober- und Unterschnabel zueinander passen oder welche Beschaffenheit seine Fußwurzelknochen haben. Ansonsten ist der Bengali-Vogel mein! … Ich besitze ihn! Ich allein verstehe ihn und höre ihm zu. Ja, dieser Vogel – zumindest seine Musik – birgt ein Geheimnis zwischen meiner Seele und dem Himmel, so wie die schwermütige Poesie in manchen Klängen von Weber[34] ein Mysterium zwischen zwei Liebenden bleibt.

Täuschen Sie sich nicht, ich gehöre zu den Egoisten unter den Reisenden, zu einer Spezies, die Sterne[35] in seiner großartigen

Klassifikation von Reisenden vergessen hat. Es war auch nicht meine Absicht, die Bodenbeschaffenheit zu untersuchen oder eine *flora javanica* vorzulegen. Ich ließ mich von meinen Fantasien treiben und betrachtete alles aus der Sicht eines Laien und Poeten. Möglicherweise habe ich über die Javanerinnen nach der Methode geurteilt, die jener Engländer bei den Frauen von Blois[36] anwendete – mittels einer einzigen Stichprobe. Aber sollte ich die Unwahrheit sagen, so geschieht dies in allerbestem Glauben.

Auch wenn die Reiseerlebnisse nach Rückkehr zum heimischen Herd in den eigenen Augen märchenhafte Züge bekommen und die simpelsten Ereignisse, verklärt von den Poesien der Erinnerung oder vom Pathos der Schilderung – was immer eine lyrische Färbung mit sich bringt –, noch bedeutender erscheinen und von all dem Zauber erfüllt sind, der einem persönlichen Bericht anhaftet, so gibt es doch Dinge, die keinerlei Zweifel zulassen, wenn jemand sagen kann:

»Ich war dort, dies ist mir widerfahren.«[37]

Nach meinen Erzählungen von der Javanerin und deren mörderischer Liebe sowie vom Bengali-Vogel mit der lieblichen Kehle, dessen Gesang ein prachtvolles Meisterwerk ist, zwingt mich meine Erinnerung, Ihnen von der Volkameria zu berichten, einem schönen Baum, dessen Blüte für den Geruchssinn dasselbe ist wie die Javanerin für die Liebe und der Bengali-Vogel für das

Gehör: dieselbe geistige Erweiterung in der Seele eines Menschen, der hinreichend empfänglich ist, um die wiedererwachten Düfte dieser göttlichen Blüten wittern zu können. Und auch die Kronen, die sich die Frauen Indiens in ihre Haartracht stecken, sind geflochten aus den Blütenständen der Volkameria. Gewiss sind den Frauen deren wunderbare Kräfte bekannt! ...

Zuerst gewahren Sie den Duft der Volkameria ganz zart, nur sehr flüchtig und verhalten wie bei den Veilchen. Dann entfaltet er sich, wird zum Aroma, erscheint dem Gaumen delikat und erinnert vage an die Köstlichkeit der Erdbeere, an die pikante Süße der Ananas, an die weinige Wonne der Cantaloupe-Melone, aber nur in zarten Anklängen und mit aller Verschwommenheit einer bloßen Erinnerung. Schließlich wird dieses mysteriöse Etwas hartnäckig, es überflutet, durchdringt den Verstand und bekommt Kraft wie ein Jasmin der Azoren oder die ferne Tuberose. Es kommen somit tausend Düfte zusammen, alle zart, fein, elegant und vor allem frisch. Sie tummeln sich in der Seele wie Träume, kitzeln und wecken dort die verrücktesten und muntersten Gedanken. Man kehrt zur Blüte zurück wie der Bengali-Vogel zu seiner Rose; in langen Zügen atmet man ihr Aroma unablässig ein ... Niemals bekommt man genug von ihren nie versiegenden duftenden Brisen, die sie immer wieder variiert. Die Seufzer ihrer Blütenstände besitzen etwas Feminines. Man könnte meinen, es sei eine zärtliche Geliebte, fast wie jene, mit der man abends lustvoll plaudert. Schwüle Düfte! ... Unnachahmliche Schöpfungen! ... Und welch schöne Schöpfung! ... Wie bei den Kamelien besitzt ihr dichtes und samtiges Blattgewebe die zarten Farben der Aprikose. Ihre Blüte besteht aus fünfzehn oder zwanzig kleinen runden Rosenblättern, deren Anordnung einer der schönsten Rosetten gleichkommt, die unsere Architekten von den Werken der Natur zur Zierde der Gotteshäuser übernommen haben. Diese kleinen, dunkel geränderten Rosen, fast weiß in der Mitte und liebevoll aneinandergeschmiegt, bilden einen gewölbten Blütenstand wie bei der Hortensie. Diese Blume und ihre exquisiten Wohlgerüche gehören ganz besonders den Seelen, die begierig sind auf Musik, auf alle Herzensfreuden, und die sich gerne ins Gebet versenken.

Dem Gesang des Bengali-Vogels zuhören, den Duft der Volkameria atmen, während die nahezu ermattete Hand durch das Haar einer Javanerin streicht, draußen ein feuerroter Himmel, in schwüler Atmosphäre, so wie sie die Chinesen mit lang herabhängenden Matten aus durchnässtem Reisstroh vor den Fenstern Ihres stillen, ganz mit Seide und feinstem Kaschmir tapezierten Palastes erzeugen können ... Ach! Dieses Leben ist Schwelgerei der Seele und Poesie, von der keine Ekstase eine Vorstellung vermitteln kann. Wer davon gekostet hat, für den gibt es keine Kunst, keine Musik, keine Meisterwerke mehr! Ja, Raffaels Madonnen, Rossinis Harmonien, das »Orchestre des Bouffons«[38], die Anstrengungen unserer französischen Parfümerien, unsere Bücher, unsere Dichter, unsere Frauen, alles wird dort bedeutungslos. Europa ist dazu nicht in der Lage. Allein Asien und Gott wussten diese Genüsse zu schaffen, für welche die Worte fehlen, ebenso wie für die stürmischen Umarmungen, diese geheimnis-vollen Hymnen zweier Herzen.

Tatsächlich ist auf dieser Insel der Wunder alles aufeinander abgestimmt, alles entfacht Leben, alles verschlingt es, und man kehrt restlos entkräftet von dort zurück. Denn an jenem Ort ist man nur noch von einem einzigen Drang beseelt, dem nach Befriedigung hemmungslosester Gelüste. Man verschmäht dort die Früchte Asiens und bevorzugt stattdessen eine anbetungs-würdige Delikatesse. Es ist der Tee, den man, nur einen Katzen-sprung von China entfernt, gewinnt, es sind seine narkotischen Qualitäten, seine Ingredienzen, die ihn für mich zum schwelge-rischen Genussmittel machen, das direkt zwischen Opium und Kaffee seinen Platz behauptet.

Wein, Kaffee, Tee und Opium sind die vier großen Stimulan-zien, deren Wirkung sofort das Gehirn anregt, nachdem es seinen Impuls über den Magen bekommen hat, und die in sonderbarer Weise unsere immaterielle Seele bloßlegen.

Den Wein lassen wir den Armen. Von ihm bekommt man üble Rauschzustände, die den Organismus ruinieren, ohne für die Ver-wüstungen im Oberstübchen mit vielen Wonnen zu entschädi-gen. In Maßen zu sich genommen hat dieses flüssige Wunschbild allerdings eine Wirkung, die nicht ohne Reiz ist; man sollte also über den Wein genauso wenig lästern wie über seinen Nächsten. Was mich betrifft, so schulde ich ihm einigen Dank. Zu einem bestimmten Zeitpunkt meines Lebens erfuhr ich die Freuden dieser banalen Gottheit.

Verzeihen Sie mir bitte diese Abschweifung! Vielleicht erinnern Sie sich an eine ähnliche Situation in Ihrem Leben wie der, in welcher ich mich seinerzeit befand.

Nun denn, als ich eines Tages allein beim Essen saß und keine anderen verführerischen Reize als die eines Weines mit intensivem Aroma und vulkanischem Wohlgeruch – ich weiß nicht, an welch steiniger Ecke er herangereift war – vor mir stehen hatte, da vergaß ich alle Gebote der Mäßigung. Allerdings hielt ich mich beim Hinausgehen noch einigermaßen aufrecht, war aber ziemlich voll, wenig gesprächig und fühlte ein unbestimmtes Befremden gegenüber den menschlichen Geschöpfen oder den irdischen Gegebenheiten um mich herum.

Als es acht Uhr schlug, nahm ich meinen Platz auf dem Balkon des Théâtre Italien ein, zweifelte fast, tatsächlich dort zu sein, und wagte kaum zu glauben, dass ich mich in Paris befand, umgeben von glanzvoller Gesellschaft, wobei ich jedoch weder Garderobe noch Gesichter erkennen konnte. Welch köstliche Erinnerung! ... Weder Leid noch Freud! Die Glückseligkeit lähmte all meine Poren, sodass sie mein Innerstes nicht erreichte. Meine Seele war benebelt. Was ich von der Ouvertüre der *La Gazza*[39] vernahm, glich den großartigen Tönen, die einer Frau im Zustand der Ekstase vom Himmel in die Ohren dringen. Mitten durch schimmernde Wolken erreichten mich die musikalischen Phrasierungen, die bar jeder Unvollkommenheit menschlicher Werke und erfüllt von der Göttlichkeit sind, die sensible Künstlerhand ihnen verlieh. Das Orchester erschien mir wie ein riesiges Instrument, in dem irgendwelche Kräfte wirkten, deren Bewegung und Mechanismus ich nicht begriff. Nur sehr verschwommen sah ich die Griffbretter der Bässe, die schwungvollen Streicherbögen, die goldenen Windungen der Posaunen, die Klarinetten und die Lichter; jedoch keine Menschen; nur ein oder zwei gepuderte reglose Köpfe und zwei gequollene, zur Grimasse verzogene Gesichter. So döste ich im Halbschlaf vor mich hin ...

»Dieser Herr riecht nach Wein ...«, sagte mit gedämpfter Stimme eine Dame, deren Hut oft meine Wange streifte, oder vielmehr, deren Hut von meiner Wange versehentlich gestreift wurde.

Ich gebe zu, dass ich gekränkt war.

»Nein, meine Dame«, gab ich zur Antwort, »ich rieche nur Musik ...«

Dann ging ich und hielt mich bemerkenswert gerade, blieb ruhig und gelassen wie ein verkannter Mensch, der sich zurückzieht und dabei seinen Kritikern das unbestimmte Gefühl vermittelt, ein überragendes Genie verscheucht zu haben.

Um dieser Dame zu beweisen, dass ich kaum jemand sein konnte, der sich maßlos betrinkt, und dass mein Duft nur ein unglücklicher Umstand war, der meinen Lebensgewohnheiten völlig widersprach, fasste ich den Plan, mich in die Loge von Madame la Duchesse de ... (der Name soll nicht genannt sein) zu begeben, deren schönen Kopf ich sah, der so sonderbar von *Federn und Spitzen* umrandet war, dass mich ein unweigerliches Verlangen zu ihr hintrieb, um nachprüfen zu können, ob diese unfassbare Haartracht Wirklichkeit oder Ergebnis einer bestimmten

optischen Täuschung war, die mich für einige Stunden heimgesucht hatte.

Ich dachte, wenn ich mich dort zwischen einer so großen, ele-
ganten Dame und ihrer derart züchtigen, spröden Freundin auf-
hielte, hätte niemand den Verdacht, ich sei angeschickert, und man
würde meinen, ich müsse irgendein bedeutender Mann sein ...

Aber ich irrte noch immer durch die endlosen Gänge des Théâtre Italien, ohne die verdammte Tür zu dieser Loge finden zu
können, als mich nach der Aufführung das Gedränge des hin-
ausgehenden Publikums gegen die Wand drückte ...

Dieser Abend war sicherlich einer der romantischsten meines
Lebens. Niemals mehr habe ich so viele Federn, so viele Spitzen,
so viele hübsche Frauen und so viele kleine ovale Fenster gesehen,
durch welche die Neugierigen und die Liebenden die Belegung der
Logen in Augenschein nehmen. Niemals habe ich so viel Energie
an den Tag gelegt, keine Sekunde so viel Charakter bewiesen – ja
ich könnte sogar Sturheit sagen –, wäre da nicht die Achtung, die
man sich selbst schuldig ist. Die Beharrlichkeit König Wilhelms
von Holland in der belgischen Frage verblasst im Vergleich zu
der Unermüdlichkeit, mit der ich mich auf meine Zehenspitzen
stellte und mein freundliches Lächeln behielt.

Allerdings bekam ich Wutanfälle, manchmal begann ich zu
weinen, und diese Schwächen verweisen mich auf einen hinte-
ren Rang – im Vergleich zum König von Holland. Dann wurde
ich von schrecklichen Gedanken gequält, bei denen ich über all
das sinnierte, was die besagte Dame zu Recht von mir denken

könnte, wenn ich nicht zwischen der Duchesse und ihrer Freundin wieder auftauchte. Aber ich tröstete mich damit, das gesamte Menschengeschlecht zu verachten. Jedoch war ich im Unrecht. An jenem Abend gab es bei der Komischen Oper ziemlich angenehme Gesellschaft. Jeder dort war mir gegenüber sehr aufmerksam und bemüht, mich vorbeigehen zu lassen.

Schließlich reichte mir beim Hinausgehen eine äußerst hübsche Dame ihren Arm. Dieses aufmerksame Verhalten verdankte ich der hohen Achtung, die mir Rossini zollte, als er mir einige schmeichelhafte Worte sagte, an die ich mich nicht mehr erinnern kann, die aber äußerst scharfsinnig und geistreich gewesen sein mussten. Seine Konversation kommt seiner Musik gleich.

Ich glaube, diese Frau war eine Duchesse, vielleicht auch eine Platzanweiserin. Mein Erinnerungsvermögen ist so konfus, dass ich eher an die Platzanweiserin als an die Duchesse glaube. Jedoch trug sie Federn und Spitzen! ... Überall Federn! Und überall Spitzen!

Kurz und gut, ich landete in meinem Wagen. Es regnete in Strömen und ich weiß nicht mehr, ob ich einen Regentropfen abbekam. Zum ersten Mal in meinem Leben kostete ich eines der lebhaftesten und seltsamsten Vergnügen auf Erden, eine unbeschreibliche Verzückung, nämlich die Wonnen, die man empfindet, wenn man nachts um halb zwölf Paris durchquert, in großer Eile an Straßenlaternen vorbeigefahren wird und Myriaden von Geschäften, Lichtern, Aushängeschildern, Gestalten, Gesellschaften, Frauen unter Regenschirmen, fantastisch ausgeleuchteten

Straßenecken und finsteren Orten vorbeiziehen sieht; quer durch den Platzregen erkennt man tausend Dinge, von denen man irrigerweise annimmt, sie bei Tageslicht schon einmal irgendwo gesehen zu haben. Und überall Federn und überall Spitzen! Sogar in den Konditoreien! ...

Wahrlich, der Wein hat große Macht!

Vom Kaffee gerät man in einen wunderbaren Erregungszustand! Er drängt sich ins Gehirn wie eine Mänade[40]. Wird man von ihm durchdrungen, so rast die Fantasie wie wild, sie entblößt sich, sie verrenkt sich, sie wird zur Pythia[41]; auf diesem Höhepunkt der Inspiration erfreut sich der Dichter seiner Talente hundertfach; das ist der Rausch des Geistes, während vom Wein der Rausch des Körpers entfacht wird.

Opium bindet alle Kräfte des Menschen, es konzentriert sie auf einen Punkt, es ergreift sie, verdoppelt oder verdreifacht sie, bringt sie zu unsagbarer Steigerung und verhilft allem Sein zu kompletter Neuschöpfung aus dem Nichts. Es verleiht allen Sinnen größtmögliche Wonnen, erregt sie, reizt sie, zermürbt sie. Opium ist kalkulierter Tod.

Aber neben dem von Orientalen so geschätzten Opium – vor allem von Javanern, die dafür das Zehnfache seines Gewichts in Gold bezahlen –, neben Wein und Kaffee – deren Missbrauch sogar in Paris betrieben wird – hält die Natur den Tee bereit.

Der Tee wird stark dosiert in Gegenden getrunken, wo, wie auf Java, das noch frische Blatt nichts von seinem kostbaren Aroma eingebüßt hat. Mit dem Tee bekommen Sie alle Schätze der Melancholie, die Träume, die abends geschmiedeten Pläne, sogar die vom Kaffee inspirierten Ideen und selbst alle Freuden des Opiums eingeflößt. Aber diese dem Gehirn entlockten Kapriolen treiben ihr Spiel in gedämpfter und dunstiger Atmosphäre. Die Gedanken sind angenehm. Keineswegs werden die Wohltaten körperlicher Frische beeinträchtigt. Man befindet sich nicht im Zustand der Schläfrigkeit, sondern verfällt in eine diffuse Lethargie, vergleichbar dem morgendlichen Dösen.

In Java finden Sie in jedem Laden fertig zubereiteten, frischen Tee. Sie treten dort ein, trinken ein, zwei, drei Tassen aus bereitgestellten Porzellanschalen und sind zu nichts verpflichtet. Sie benehmen sich so wie in Frankreich, wenn Sie Ihre Pfeife an den Leuchten anzünden, die vor den Türen der Tabakläden aufgestellt sind.

Die Summe all dieser Genüsse – die Javanerin, die Blumen, die Vögel, die Düfte, das Licht, das Klima – diese Poesie, die allen Sinnen so viel Seele einhaucht, lässt mich seit meiner Rückkehr von Ostindien bekennen:

»Wie glücklich all jene, die auf Java sterben!«

Tatsächlich ist die zentrale Frage des Lebens nicht dessen Dauer, sondern dessen Qualität, die Summe seiner Geschehnisse. Nun, in diesem prächtigen Land, immer grün, immer abwechslungsreich, Stelldichein aller Nationen, immerwährender Basar, wo sich der Genuss von selbst vervielfacht, wo allergrößte Freiheit regiert, wo jeder Aberglaube seinen Platz findet, sind die Gefühle, die Wollust, die Gefahren so überreich vorhanden, dass immerzu alle Nervenfasern vibrieren. Hier der Grund, warum der Orient so wenige Schriftsteller hat: Man ruht dort so sehr in sich selbst, dass man sich anderen nicht mehr mitteilen möchte. Was sollen die Gedanken dort, wo alles nur Empfindung ist?

Ich befand mich noch nicht lange auf Java, da hörte ich schon Berichte vom großen Naturwunder des Landes, vom *Upas*-Baum[42], dem weltweit einzigen Baum dieser Art, dessen schreckliche Produkte eine so wichtige Rolle in der javanischen Kultur spielen. Nach alten Überlieferungen der Inselbevölkerung entstand der Upas-Baum inmitten eines erloschenen Vulkans, wo er aufgrund einer Laune der Natur grausam tödliche Substanzen in sich aufsog, die er nun unaufhörlich ausdünstet und verbreitet. Die Tofana[43], die Brinvilliers[44], die Chemie und der vor Schlechtigkeit strotzende menschliche Geist werden hier überraschenderweise von einem Baum übertroffen, ja, nur von einem seiner Blätter. Tatsächlich genügt es, mit heftigem, schnellem Stoß eine Dolchspitze in die Rinde des Upas-Baumes zu stechen, um der Klinge zu Wirkungen zu verhelfen, die der Blausäure entsprechen. Sobald der vergiftete Stahl die Haut eines Menschen durchdringt, stürzt dieser augenblicklich zu Boden – ohne Krämpfe und ohne jedes Anzeichen von Schmerz. Dieses tödliche Potenzial besitzt nicht nur der an der Dolchklinge haftende Pflanzensaft; mit derselben intensiven Wirkkraft verströmt der Baum derart mörderische Ausdünstungen, dass sein Blätterdach einen Menschen sofort umbringt, sollte er während des Stichs in die Rinde länger als nötig in seiner Nähe bleiben. Übrigens darf man diese Aktion nur mit dem Wind im

Rücken ausführen. Sobald eine Brise durch den Baum streicht, wirkt sie ab einer bestimmten Distanz tödlich. Sollte sich der Wind drehen während des kurzen Moments, den ein Javaner benötigt, um die Dolchspitze zu benetzen, wird er augenblicklich sterben.

Die Tiere, die Vögel, alles Lebendige kennt die gefährliche Wirkung und fürchtet diesen Thron des Todes. Einige Sprösslinge des großen Baums gedeihen in seiner Nähe und bilden um ihn herum einen gefährlichen Gürtel – wobei dieser von Tag zu Tag mehr zusammenwächst. Dieses unheilvolle Gewächs ragt einsam in die Höhe. Dort dominiert es, als wolle es ein Abbild jener einstigen Könige Asiens bieten, deren Blicke töten konnten.

Sie werden verstehen, dass sich die Naturforscher nur auf Mutmaßungen über diesen einzigartigen, unzugänglichen Baum berufen konnten, der sich, in seiner Nähe weder Künstler noch Spaziergänger duldend, unserer allmächtigen Kunst der Lithografie entzogen hat. Da der Wissenschaft wie immer kein Irrtum unterläuft, haben ihn die Gelehrten unerschrocken in die Gattung der Strychnos-Gewächse[45] aufgenommen und verließen sich dabei auf das Gemunkel der Javaner.

Hier nun die philanthropische Methode, derer sich das Naturvolk dieses Landes bedient, um an das subtile Gift zu kommen: Sollte ein Javaner vom Häuptling seines Stammes zum Tode verurteilt worden sein, so wird er dann begnadigt, wenn es ihm gelingt, einen vergifteten Dolch herbeizuschaffen. Von zehn Kriminellen gelingt es höchstens drei oder vier, den Launen des Upas-Baumes zu entgehen.

Natürlich war ich neugierig auf diesen seltsamen Baum. Ich näherte mich ihm mit dem Wind im Rücken und nur so nah, wie es die Vorsicht gebot. Mit einem Fernrohr ausgerüstet konnte ich mich mit wohligem Erschauern an der Grenzlinie dieses grauenhaften Königreichs aufhalten, wohin man Danton und Robespierre hätte bringen sollen. Ich kann mich nicht erinnern, dass mir jemals eine gedankliche Vorstellung von einem solch grauenerregend majestätischen Anblick vermittelt wurde – weder durch die Massengräber in der Bibel noch durch die ungeheuerlichsten Stellen in unserer mit Leichen gespickten Literatur.

Stellen Sie sich ein Gelände voll bleicher Gebeine vor. Dies wäre der angemessene Rahmen für den Upas-Baum, Zeugnis seiner Macht; überall bedauernswerte Opfer, die an Rettung geglaubt hatten und von denen die meisten nun aufgestapelt um den Baum herum liegen. Die von der Sonne Ostindiens beschienenen Skelette reflektieren bizarr die Strahlen; das Spiel des Lichts auf diesen sterblichen Überresten produziert grauenvolle Effekte. Es gibt Köpfe mit lodernden Augen, Totenschädel, die scheinbar den Himmel verfluchen, und Zähne, die noch zubeißen! ... Das sind wohl die einzigen menschlichen Überreste, die nicht zum Würmerfraß wurden ... Verharren Sie in diesem Zirkus ohne Zuschauer – aber nicht ohne Athleten – in grauenvoller Stille, in der nur das Klappern der Knochen zu hören ist; gibt es irgendwo auf der Welt eine vergleichbare Szenerie? ...

Die Javaner sind auf ihre Upas-Bäume ebenso stolz wie die Leute von Bourges auf ihre Kathedrale. Aus Respekt vor den

Eingeborenen des Landes, die mich zu diesem gewaltigen Baum geführt haben, ist mir daran gelegen, die bis zum heutigen Tag nur mangelhaft vorhandenen Informationen über den Upas-Baum zu widerlegen.

Entgegen den Behauptungen mehrerer Reisender ist der große javanische Upas-Baum mit Sicherheit konkurrenzlos. Er ist ein argwöhnischer Herrscher, der kaum gestürzt werden kann. In seiner Art ist er das einzige Exemplar, das zu solcher Größe gelangt. Er schien mir eine Höhe von neunzig bis hundert Fuß zu haben. Seine Schösslinge ähneln unserem fünfjährigen Niederwald.

Sicherlich befürchten Javaner oder Europäer, die einen Teil des Waldes urbar machen wollen, dass sie auf einen Upas-Baum stoßen könnten; aber wenn bislang einige Pflanzen aus dieser Familie entdeckt wurden – selbst wenn diese Gewächse der Strychnos-Gattung angehörten –, so waren sie harmlos; um das Gift zu gewinnen, musste man komplexe chemische Aufbereitungsprozesse durchführen. Ein *Kris*[46] – oder Dolch aus Malaysia –, benetzt mit einem anderen Gift als dem des Upas-Baumes, verursacht einen wesentlich langsameren Tod, dem viele Krämpfe vorausgehen. Wenn der Kris seine Funktion erfüllt hat und sein Besitzer dessen giftige Wirkung reaktivieren möchte, so kann er dies mithilfe von Zitronensaft erreichen. Jetzt wünsche ich mir, dass andere Reisende, deren Gedankengänge nicht so träge sind wie meine, diese für die Wissenschaft historisch hochbedeutenden Tatsachen verifizieren werden. Hierzu kann ich lediglich als Augenzeuge dienen, den wissenschaftlicher Ruhm nur wenig reizt und der mehr Wert auf seine verträumten Erinnerungen als auf ein exaktes Gutachten legt.

Übrigens ist es sehr schwierig, sich dieses schreckliche Gift zu beschaffen, weil die Malaien[47] für ihren Kris horrende Preise verlangen und sich damit jedem käuflichen Erwerb verweigern. Auf dieser Insel ist der malaiische Kris ebenso kostbar, wie es eine feine Stute in Arabien sein kann. Dieser vergiftete Dolch bedeutet einem Javaner alles. Wenn die Männer ihn als Waffe tragen, scheren sie sich um einen Tiger genauso wenig wie wir uns um eine Katze.

Nach meiner Rückkehr aus der Gegend, wo der Upas-Baum wächst, verlor ich alle meine Vorurteile gegenüber Tigern, denn ich sah die Leichtigkeit, mit der die Javaner sie sich vom Leibe halten. Der Tiger ist das feigste aller Tiere. Selbst wenn ihn der Hunger drückt, greift er kaum den Menschen an. Sollte er den Menschen verfehlen, den er im Sprung angreifen will, so wird er es kein weiteres Mal versuchen und wie ein tollpatschiger Spitzbube die Flucht ergreifen. Wenn die zum Tode Verurteilten die wohlwollende Option mit dem Upas-Baum ausschlagen, dann lässt man sie meistens mit einem hungrigen Tiger kämpfen, der schon länger im Käfig gehalten wurde. Sollte der Verbrecher siegen, so wird er begnadigt; aber als Waffe hat er nur einen Dolch mit einer Klinge aus Blei.

Wenn der Verbrecher einer mächtigen oder reichen Familie angehört, tauscht der Justizminister die Klinge aus Blei gegen eine aus Stahl, was ein grober Rechtsverstoß ist; aber überall gibt es Aristokratie, sogar bei den Wilden.

Dieser Kampf aus undenklich grauer Vorzeit – ein grausamer und absurder Akt der Gerechtigkeit – bietet ein Spektakel, auf das die dortigen Eingeborenen sehr begierig sind. Man muss zugeben, dass diese Hinrichtungsart wesentlich unterhaltsamer ist als das unsagbar eintönige Schauspiel, das man bei uns auf der Place de Grève[48] aufführt. Wenigstens hat der zum Tode Verurteilte eine Chance, und wenn er siegt, geht ein tapferer Mann dem Volk nicht verloren.

Die Zuschauer formieren sich zum Kreis, um das Tier mit Lanzen in Schach zu halten. Egal, ob mit dem guten oder dem schlechten Dolch, fast immer wird der Verurteilte gezwungen, den Tiger herauszufordern, um ihn aus seinem Käfig zu locken und zum Kampf anzustacheln. Mit dem Eisendolch wird der Javaner immer siegen, mit dem Bleidolch zieht sich das Duell oft lange Zeit unentschieden hin.

Der Javaner ist tapfer, gastfreundlich, großzügig und gutmütig. Allerdings macht ihn das Opium manchmal rabiat, und in seinem Rausch fasst er oft den sonderbaren Vorsatz, alle zu töten, die ihm begegnen. Jener Vorsatz nennt sich *Amok*. Die Neigung zur Besessenheit und deren üblicher Ablauf sind dort bestens bekannt, sodass die Einwohner, sobald ein Javaner auf den Straßen Amok läuft, sofort ohne jede Angst aus ihren Behausungen kommen, dem Wahnsinnigen entgegengehen und dabei eine große Astgabel vor sich hertragen, mit der sie ihn am Hals packen; die anderen werfen ihm eine Schlinge über den Kopf und erdrosseln ihn auf der Stelle, ohne lange zu fackeln. Sicher, in Europa hätte diese Gepflogenheit ihre Gefahren. Viele Leute hier würden zweifellos zu Amokläufern erklärt. Aber da unsere Kultur nicht diesen Weg gegangen ist, sind unsere Astgabeln und Schlingen noch nicht einmal dafür vorgesehen, mit ihnen einen reichen alten Onkel umzubringen. Diese unbestreitbare Tatsache spricht zu meinem Leidwesen gegen die Eleganz unserer Sitten und den Verstand unserer Gesellschaft, die zum Tummelplatz für Gute und Böse geworden ist.

Als ich von der Exkursion zurückkehrte, die ich in die innere Inselregion zur Besichtigung des Upas-Baumes gemacht hatte, entdeckte ich prächtige Blumen, die keiner derjenigen glichen, die ich bis dahin gekannt hatte. Ich steckte sie in meine Westentasche, ohne jedoch zu wissen, wie man Herbarien anlegt. Daraus entstanden große Verluste für die Sammler und noch größere für mich selbst, da ich die Chance verpasst habe, in allen wissenschaftlichen Lexika bei den botanischen Klassifikationen an meinen Namen ein *-ia* angehängt zu bekommen. Inmitten all dieser Bäume tauchte vor mir ein Gewächs auf, das sich so außergewöhnlich prächtig von seiner Umgebung abhob, dass es sich mir ganz besonders ins Gedächtnis eingeprägt hat – so wie ein uraltes Blatt in einen Gipsstein. Aber kann ein Reisender seinem Publikum jemals die Eindrücke vermitteln, die er in dieser Atmosphäre von Schönheit, welche die Natur von Zeit zu Zeit entfaltet, gewinnen konnte? Als unsere wertvollsten Schätze haben wir an manche Dinge unseres Lebens mehr oder weniger lückenhafte Erinnerungen, deren innigster Beredsamkeit keine menschliche Zungenfertigkeit gleichkommt, für die es weder Sprache noch Dichtkunst gibt; ihre Sprache und Poesie sind tief in uns verborgen.

In dem Moment, da zwei glückliche Wesen zärtliche Worte zueinander sprechen, wirkt die plötzlich vom Himmel auf die Fülle von Grün herabscheinende Sonne, als verströme sie über die Landschaft allen Zauber einer Empfindung, die unendlich groß für sanfte Herzen sein muss. Dann leuchtet die Natur gleichermaßen im Glanz ihrer wirklichen Anmut wie auch im Schimmer menschlicher Wunschträume. Für die entzückten Augen, denen alles Glückseligkeit bedeutet, wird die großartige Gestalt eines alten Weidenbaums mit seinen hübschen Blättern zum unvergesslichen Anblick, weil die Seele an ihm ihre überschäumenden Kräfte messen kann und ihn mit der unerklärlichen Leidenschaft umfasst, die uns dazu drängen kann, einen Gegenstand vor uns zu packen und zu zerschmettern, wenn die Begeisterung unsere Kräfte steigert.

In einer dieser grandiosen Stunden entdeckte ich unter einem wolkenlosen Himmel auf der Spitze eines Felsens, der als Zacke mitten aus der breiten Fläche eines saphirblauen Gewässers hervorragte, diese überwältigende, einer Palme der Hoffnung gleichende Pflanze, die ich nicht anders denn als *Farnbaum* bezeichnen kann.

Stellen Sie sich eines unserer Farngewächse in Europa vor, dessen Stängel – fein und geschmeidig wie der einer jungen Pappel – zu einer Höhe von hundert Fuß aufgeschossen ist; dazu kommen dann, paar- und stufenweise, die äußerst elastischen und anmutigen, fein gearbeiteten, aber ungeheuer großen Blätter, zart gefärbt und unvergleichlich in ihrer Art; sodann lassen Sie üppige Lichterflut durch die Vielzahl ihrer gezackten Rauten fallen! Riskieren Sie einen Blick auf das schimmernde Wasser des Sees unter dem Spitzengewebe aus grünen Gewächsen! Setzen Sie nun das Luftige und Märchenhafte einer großartigen Pflanze, die einer Feuerwerksgarbe gleicht, zu der wuchtigen, kompakten Fülle eines ostindischen Waldes mit seinen ausladenden Blättern und seiner wuchernden Vegetation! ... Denken Sie sich schließlich einen gewundenen Weg, der den See umschlingt wie eine furchterregende, ringförmig im Sand liegende Anakonda. Nehmen Sie nun an, Sie lägen in einer Sänfte, getragen von schweigsamen Sklaven, und versuchen Sie jetzt, sich das süße Vibrieren zu erträumen, mit dem eine Hand zu der Ihren sagen will: »Ich liebe Sie! ...«

Und nun ganz plötzlich erscheint der Farnbaum an einer jähen Wegbiegung, wie das zum Leben erweckte Poem einer unsterblichen Liebe. Ach! Dies ist das lautlos gesungene Hohelied Salomos, das gewaltige Bild einer unermesslichen Glückseligkeit, ein Monument, nur erbaut für diesen Feiertag des Herzens, so wie es die Völker für ihre religiösen Feste errichten. Ist Religion denn nicht die Seele eines Volkes? ...

Hätte sich der Farnbaum nicht in einer Situation meinen Blicken präsentiert, in der er mir zu einem ganz unerwarteten Werk der Natur wurde, so wäre er mir auch allein schon durch seinen ausgefallenen Wuchs immer unvergesslich geblieben.

Man sagte mir, er sei eine der einjährigen Pflanzen, die in Ostindien rasant in die Höhe schießen und mit beispielloser Anmut und Pracht wieder dahinwelken.

Zu meiner Schande befasste ich mich mit den Affen intensiver als mit der *flora javanica* oder *javanensis*. Ich hatte den Wunsch, die Lebensgewohnheiten dieser Tiere zu studieren, die uns in der großen Kette komplexer Lebewesen, von der wir weder Anfang noch Ende kennen, so nahestehen. Und so wurde ich in einen Aberglauben der Javaner eingeweiht.

Auf dieser Insel hat jede Tierart ihren Hohepriester, der seine Herde gründlich unterweist. Dieser Papst ist immer irgendein alter Malaie, dessen Familie ihm alle Kenntnisse und Überlieferungen hinterlassen hat, die seit uralter Zeit für die Sitten und Lebensgewohnheiten jener Tiere bewahrt wurden, denen er seine apostolische Betreuung zukommen lässt.

Als ich meinen Wunsch geäußert hatte, die Affen zu besuchen, führte mich meine liebe Javanerin zu deren Pontifex und sagte, dieser würde mir interessante Informationen über die große Sippe liefern, deren Hirte er war. Wir begaben uns in ein javanisches Dorf, das zu irgendeinem der Stämme gehörte. Meine Mentorin kannte dessen *Tomogon* – so nannte man in diesem Land die Anführer eines Volksstamms. Wir fanden den Affenvater, der vor der Tür seiner Hütte auf einer Art Sofa aus Bambusrohr saß. Aufgrund bizarrer Absonderlichkeit oder weil Menschen bis zu einem gewissen Grad dazu neigen, Gesten, Verhaltensweisen, Tonfall, Erscheinungsbild und Ausdrücke ihrer Freunde nachzuahmen, schien mir dieser alte Javaner viel Ähnlichkeit mit einem Affen zu haben. Sein Gesicht war dreieckig und eingefallen; seine wimpernlosen, tief liegenden Augen waren von hastiger Lebhaftigkeit, und seine wendigen, schnellen Bewegungen verrieten das edle Familiengeschlecht der Affen.

Als sich meine schöne Gefährtin – ohne dabei unsere Sänfte zu verlassen, die von ihren barfüßig mit beachtlichem Tempo marschierenden Sklaven getragen wurde, von denen einer vorneweg ging, um die Schlangen zu vertreiben – an Toango – so der Name des betreffenden ehrwürdigen Geistlichen – wandte und ihm meinen Wunsch vortrug, kam dieser auf ein Zeichen seines Tomogon auf uns zu. Nun entwickelte sich zwischen den beiden Ostindern und meiner Frau ein Hin und Her von Fragen und Antworten.

Ich staunte nicht schlecht, als mir Lady Wallis (meine Javanerin war die Witwe eines englischen Kapitäns) die Antwort des Affenkardinals übersetzte.

Sie sagte mir, es sei diesem heute unmöglich, meinen Wünschen zu entsprechen, da sich die Affen eines der Stämme einen Kampf mit denen eines anderen Stammes lieferten. Diese wollten seit einem Monat den Teil des Waldes erobern, dessen Revier zum Jagen und Beutemachen jenen Ersteren gehöre, und dass es für einen Europäer gefährlich sei, mitten in solche Auseinandersetzungen zu geraten.

Da ich interessiert war, den alten Malaien zu befragen, half sie mir als Dolmetscherin, und so erfuhr ich, dass die in unmittelbarer

Obhut Toangos lebenden Affen in Stämme aufgeteilt waren. Jeder Stamm besteht aus einer bestimmten Anzahl Affen derselben Art, die einem regelrecht auserwählten Anführer folgen. Instinktiv suchen sie sich als Tomogon den Wendigsten unter ihnen aus, so wie sich die tatarischen Pferde für das schönste, stärkste und schnellste Pferd als Leittier entscheiden. Jeder Stamm besitzt einen räumlich begrenzten Abschnitt des Waldes. Wie bei den Menschen überfällt oftmals ein Stamm den anderen; nun wird die Auseinandersetzung in einem Kampf ausgetragen, an dem alle Affen der betreffenden Stämme teilnehmen, ohne dass ein Nationalgardegesetz[49] oder andere Errungenschaften, die den Affen mit der höchsten Intelligenz vorbehalten sind, erforderlich wären.

Toango konnte mir nicht sagen, auf welche Art und Weise es diese Tiere fertigbringen, im Voraus Ort, Tag und Stunde des Kampfes zu vereinbaren; diese kriegerischen Veranstaltungen haben immer vorher festgelegte Regeln, die gewissenhaft beachtet werden. Die Weibchen halten sich im Hintergrund, laufen flink umher und sind damit beschäftigt, die Verwundeten oder Toten fortzuschaffen. Sollten die Angreifer siegen, erfolgt ein Zusammenschluss beider Stämme; andernfalls ziehen sich die Angreifer in ihren Waldabschnitt zurück.

Toango erzählte mir sehr merkwürdige Einzelheiten über ihre sittliche Verkommenheit. Lady Wallis hörte mit sehr ernster Miene zu und wurde nicht rot, als er mir anhand von Beispielen verriet, dass wir Menschen keinesfalls das traurige Monopol für Unzucht besitzen. Er berichtete mir dabei vom seltsamen Fall der Entführung einer jungen Malaiin auf Java durch einen Orang-Utan, die von diesem für sehr lange Zeit gefangen gehalten und dabei so rücksichtsvoll behandelt wurde wie eine Geliebte von ihrem Liebhaber. Englische Zeitungen zogen dabei eine interessante Parallele zu einem ähnlichen Vorfall, der sich am Kap der Guten Hoffnung ereignet hatte. Nachdem ich mit Toango einen Tag vereinbart hatte, an dem er mich mit seinem Affenvolk bekannt machen sollte, gingen wir zu unserem Quartier zurück.

Auf dem Weg zu unserem alten Malaien hatte ich in einer Talsohle auf einer Art Weide eine große, von einem Kind gehütete Büffelherde gesehen. Das Tal war von Wäldern umsäumt, die terrassenförmig wie ein Amphitheater aufstiegen ...

Als wir dort zum ersten Mal vorbeikamen, war dieses Kind damit beschäftigt, eine Masse aus Erde und Kuhfladen zu mengen, mit der es die Bisons bestrich, die sich bereitwillig vollschmieren ließen. Ich äußerte mein Befremden über eine für diese Tiere so gesundheitsschädliche Körperpflege. Aber Lady Wallis ließ mich wissen, dass dieser Überzug für die Tiere von Nutzen sei, da er sie vor den Bremsen schütze, deren Stiche so kräftig und giftig seien, dass die Bisons nicht selten infolge der hysterischen Raserei, die sie befiele, verendeten, sobald sich diese Insekten auf sie setzten. Der dicke Aufstrich, mit denen sie ihr kleiner Hüter überziehe, schütze sie perfekt vor den Stichen ihrer Feinde ...

Sie sagte mir, die freundschaftliche Verbundenheit, die diese wilden Tiere einem solchen Knirps entgegenbrächten, sei einfach unbeschreiblich ... Er kann sich zwischen die Viecher hinlegen und ruhig schlafen, ohne dabei irgendetwas befürchten zu müssen. Wenn sie miteinander kämpften oder wütend wären, so täte keines von ihnen dem Kind etwas an. Männliche, weibliche und kleine Tiere würden über das Kind hinwegspringen, ohne es zu berühren; und wenn eines von ihnen das Kind verletze – selbst wenn es durch Unachtsamkeit geschähe –, so würden die anderen den Frevler mit ihren Hörnern töten.

Als wir wieder an diesen Ort zurückkamen, hatte ich das Vergnügen, eine merkwürdige Szene zu erleben, die mir die Stärke und Unerschütterlichkeit jener einzigartigen Zuneigung bewies. Die Bisons hatten sich damals kreisförmig zusammengestellt und wie ein mit Hörnern gespickter Ring postiert, wobei ihre Karfunkelsteinen gleichenden Augen wie Pechfackeln loderten. Sie alle bewegte derselbe Gedanke, und sie stellten sich um das Kind herum ... Ein Tiger kam aus dem Wald herausgesprungen, um den Viehhirten zu fressen; aber obwohl das ausgehungerte Tier pfeilschnell hervorgeschossen war, hatten sich die Bisons bereits zum Kreis formiert, ehe der Tiger zur Schlafstelle des Kindes gelangen konnte; einer von ihnen erwischte den Tiger und schleuderte ihn mit einem Hörnerstoß zehn Fuß hoch in die Luft; gleich darauf zermalmten sie ihn mit ihren Hufen ... Dieses Schauspiel war eins der großartigsten, das ich je gesehen habe ... Nachdem die Bisons ihre Hinrichtung mit justizieller Kaltblütigkeit vollzogen hatten, begannen sie wieder seelenruhig, das Gras zu weiden. Von ihnen beschützt hatte ihr argloser Hirte bei seinem Erwachen keinerlei Anzeichen von Ängstlichkeit gezeigt und nicht den kleinsten Aufschrei hören lassen.

Am von Toango genannten Tag ging ich wieder zu ihm hin und hatte dafür einen hübschen Vorrat an Reis, Speisen und allem, was dazugehört, mitgenommen. Dann begaben wir uns zum Wald, wo die Affen wohnten. Als wir zu einer Waldlichtung kamen, die dem alten Malaien zweifellos bekannt war, sprach er kurz zu meinen Sklaven, die den Tisch deckten und das Abendessen servierten.

Toango hatte so etwas Ähnliches wie eine kleine Tam-Tam-Trommel mitgebracht, um seine Bevölkerung damit herbeizuzitieren; er schlug sie in einer Art und Weise, dass wir von seiner disharmonischen Musik und den seltsamen Schreien, die er ausstieß, halb taub wurden.

Auf sein Geschrei und Getrommel hin kamen von allen Seiten die Affen herbei. Das war ein ähnliches Gedrängel, wie es die Pariser an Festtagen auf der Straße nach Saint-Cloud veranstalten. Die Affen verharrten in respektvollem Abstand; aber als Toango ihnen einige nette Worte sagte und sie, glaube ich, zum Abendessen einlud, wagten sie sich *viritim* – einer nach dem anderen – in unsere Nähe.

Auf Anraten des Pontifex taten wir so, als beachteten wir sie nicht, und sie machten ihre Faxen, um ihr Staatsoberhaupt heiter zu stimmen. Einige steckten sich Reis unter die Achseln und in die Mäuler, andere schnappten sich das einfache Geschirr, das wir für sie mitgebracht hatten. Es gibt weder Worte noch Pinsel, um das Treiben, die Mimik, das Lächerliche oder Witzige und die Mätzchen dieser netten Leutchen zu beschreiben oder zu malen. Aber was mich zum Lachen brachte und gleichzeitig nachdenklich werden ließ, war der Blick auf die alten, verwundeten Affen, die sich auf Stöcke stützten und mühsam dahinschleppten wie unsere Invaliden, die am Quai Bourbon umherziehen. Ihnen fehlten nur noch Holzbeine oder Arme in der Binde, um mir einen ungefähren Eindruck menschlicher Wesen zu vermitteln. Zwei armselige Gehbehinderte stützten sich gegenseitig mit den Armen und gelangten bis zur Reisschale. Für Menschen war diese Szene in der Tat verstörend: Wie mir wäre es sicher auch Ihnen als ein allzu frappantes passgenaues Spiegelbild vorgekommen.

Als die Affen alles erbeutet hatten, gaben sie uns für unser Geld noch eine kleine Vorstellung, wie pflichtbewusste Schmierenkomödianten. Einige machten Bocksprünge wie Kinder, die an den Straßen um Almosen bitten, andere ahmten uns ernsthaft nach und lachten genau wie wir. All diese Gestalten waren ungefähr zweieinhalb Fuß groß. So wie Kinder, die wollen, dass man sich mit ihnen beschäftigt, bettelten sie um unsere Aufmerksamkeit; um unser Interesse zu wecken, traktierten sie einander mit Faxen, als seien sie Schüler. Mal wurde ein Bein gestellt, mal stieß ein alter Affe mit dem Kopf ans Bein oder in den Rücken eines jungen Affen, der stehen geblieben war, um uns zu beobachten. Kurzum, ich käme nie zum Ende, müsste ich alles aufzählen.

Während meiner Reisen hatte ich zweifellos interessantere Dinge gesehen; aber nichts hatte mich mehr amüsiert als die frei lebenden Affen. Sie kannten ihren Chef, denn sobald er in ihre Mitte trat, galt es, ihn zu umschmeicheln. Mit den alten Affen sprach er freundschaftlich, und es kam mir wirklich so vor, als ob sie ihm aufmerksam zuhörten.

Als wir aufbrachen, begleiteten uns diese netten Tiere höflich zurück. An der Grenze zu ihrem Pantin oder ihrem Montrouge[50] gab ihnen Toango einige kleine Gläser Likör, den sie mit erstaunlichen Anzeichen von Wohlbehagen tranken. Sie schrien vor Lebensfreude, hopsten in Luftsprüngen, flogen durch die Bäume und verschwanden halb betrunken.

Später machte ich dann Bekanntschaft mit dem Priester der Krokodile und hatte die gefahrvolle Ehre, diese schrecklichen Tiere sehen zu dürfen. Ich kenne nichts Abscheulicheres als ihre blutgetränkten Augen, nichts Schaurigeres als ihre aufgeklappten Mäuler. Es gibt vage Ähnlichkeiten zwischen der grausamen Blödheit ihres Gesichtsausdrucks und derjenigen des aufgebrachten Mobs; ihre schuppigen Panzer, ihre gelben und verdreckten Bäuche sehen aus wie die Klamotten aufständischer Rebellen … Es fehlt ihnen nur noch eine rote Mütze, und schon werden sie zum Symbol des Jahres 1793.

Wir befanden uns am Ufer eines Sees, wo diese furchterregenden Tyrannen friedlich lebten. Der Pontifex der Krokodile rief sie bei ihrem Namen und fügte noch einige schmeichelhafte Attribute hinzu. Wir hatten noch Puten, Hühner und zwei Bisonstücke mitgebracht, um die Sumpfbewohner des Sees reichlich zu bewirten.

Der erste, der kam, trug einen Namen, der unserer Bezeichnung für einen Edelmann entspricht.

»Komm, mein Prinz, komm, mein schöner Edelmann! Na los, mein Schatz! ... Zeig Dein Maul! ...«

Bei dieser Ansprache des Malaien hob der Edelmann seinen Kopf aus dem Wasser und zeigte sich am Ufer, nachdem er den See auf dem Weg zu uns in jede von ihm eingeschlagene Richtung zum Brodeln gebracht hatte. Er packte sich ein Stück Bison und tauchte wieder unter Wasser. Nacheinander sah ich vier von seiner Sorte. In diesem Weiher hatte es einmal fünf davon gegeben. Aber einen Monat vor meiner Ankunft hatte einer der Lieblinge des Krokodilpfarrers ein Kind gefressen und war von drei Priestern zum Tode verurteilt worden. Nach umfangreichen Untersuchungen des Vorfalls töteten sie ihn und hielten den anderen vier einen anrührenden Vortrag darüber, wie sich Krokodile gegenüber Kindern zu benehmen haben.

Lady Wallis schlug mir vor, unter der Schirmherrschaft ihres Hohepriesters den Schlangen einen Besuch abzustatten; aber die Besichtigung der Krokodile hatte mir den Geschmack an solchen Exkursionen verdorben.

Es fiele mir leicht, Ihnen Batavia, Bantan und Surabaya zu beschreiben; aber wir haben so viele Stiche, Paravents, Lithografien und Lackarbeiten – ganz zu schweigen von den Kulissen unserer Theater –, auf denen man immer wieder chinesische Bauwerke sehen kann, dass dies nur zu unnötigen Wiederholungen führen würde. Zudem habe ich immer jene Reisenden gemieden, die mir peinlich genau die Stätten oder Landschaften ausgemessen haben, die sie faszinierten; und da wir unseren eigenen Geschmack leicht auch bei anderen vermuten, nehme ich an, dass Sie meine Abneigungen und Vorlieben teilen. Die Reiseerzählung ist ein Hirngespinst, bei dem die Einbildungskraft in der Lage sein muss, sich auf luftige Bergrücken schwingen zu können. Wenn der Verstand des Lesers nicht hell genug ist, die betreffenden Länder anhand von Kostproben einschätzen zu können, dann passen ihm die Sprünge und Hopser solcher Erzählungen so wenig wie die Stiefel den Flöhen.

Übrigens gibt es keine europäische Stadt, die einem eine konkrete Vorstellung von Batavia vermitteln könnte. Die an stinkende, überaus schlecht gereinigte Straßen und scheußlich verputzte Mauern gewöhnten Pariser könnten sich niemals den Luxus und die Eleganz der Bauwerke von Java oder Kalkutta vorstellen, die jedes Jahr eine frische Putzschicht aus einer Art weißem Stuck bekommen. Dieser Anstrich lässt sie silbern erscheinen und zeigt sehr deutlich die architektonischen Konturen. In diesen Städten gibt es eine große Zahl von Wohnhäusern, die in Europa ohne Weiteres als Paläste durchgingen. Durch die Chinesen wirkt das Straßenbild sehr belebt; aber der ganze Stolz des Landes sind die Europäer. Ihre moralische Überlegenheit ist dort ungeheuer groß. Um reich zu werden genügt es, wenn sie hellwach sind, eine gute Gesundheit haben, die Augen offen halten und rechnen können. Aber ihre Widersacher sind das Klima, die Liebe, die Javanerin, das Vergnügen, die Faulheit und die Chinesen. Letztere sind alle an die verheerende Luft gewöhnt und für immer aus ihrem Land vertrieben; sie erobern den Markt, begehen Diebstahl und kommen in unverschämter Weise ohne Strafe davon. Geschicklichkeit findet immer Anerkennung, sogar bei den Richtern.

Ein Beispiel unter tausend anderen Schlichen der Chinesen wird beweisen, welche Wissenschaft sie aus dem Diebstahl gemacht haben. Er ist bei ihnen stets durchorganisiert: Allzeit bereit ist halb erledigt!

Treten Sie ein in einen Laden mit wertvollen Stoffen, feilschen Sie, kaufen Sie einen Kaschmir oder eine Stoffbahn aus Tamavas … Sollten Sie den Kopf abwenden, während der Händler auf dem Ladentisch Ihren Einkauf mit Papier und Kordel zusammenrollt, dann fliegt das Paket im selben Moment ins Hinterzimmer des Ladens, verschwindet dort und wird durch ein anderes mit wesentlich billigeren Stoffen von deutlich minderer Qualität ersetzt, das von einem Lehrjungen schnell hereingeworfen wurde. Dieser Lehrling ist in einer stillen Ecke den ganzen Tag damit beschäftigt, jedes Mal die billigere Ware in einem Paket zu verschnüren, das dem des Verkäufers haargenau gleicht. Ohne sich diese wundersame Metamorphose erklären zu können, kommen Sie wütend wieder zurück, weil Sie von diesem Chinesen, vor dem Sie alle Welt gewarnt hatte, übers Ohr gehauen wurden; aber statt zu antworten, beginnt der Ladenbesitzer zu lachen …

Der Luxus auf Java ist so groß, dass die Wohlhabenden – wie übrigens anderswo auch – genötigt werden, für Ramsch gutes

Geld zu zahlen. Als wir am Tag unserer Abreise in Frankreich an Bord gingen, waren wir von einer Horde von Händlern bestürmt worden, die uns tausenderlei billigen Kram anboten. Um einen Uhrmacher loszuwerden, der sich wie ein Bluthund an meine Fersen heftete, bot ich ihm für mehrere überaus schlichte und kleine Golduhren 300 Francs pro Stück. Wir einigten uns dann auf 1000 Ecus. Die Uhren machten auf Java Furore, und ich konnte sie schließlich für 6000 Francs verkaufen. Jedoch schäme ich mich zu sagen, was mir die schönste und reichste Frau auf der Insel dafür bot, als ich nur noch eine Uhr übrig hatte. Die Erinnerung an ihre Angebote holt mich wieder zurück zu diesem angenehmen asiatischen Lebensgefühl, zu meinen Wonnen, zu meinen Düften ... Ewige Qual! ... Doch das menschliche Gedächtnis ist manchmal wie ein treuer Freund, wenn es uns die Bilder einer vergangenen Glückseligkeit zurückbringt, um uns damit zu trösten. Mit dem Blick auf unsere in Erfüllung gegangenen Wünsche bestärkt es uns in unseren Hoffnungen für die Zukunft.

In den schweren Stunden meines jetzigen Lebens, wenn ich mir einen hohen und herrlichen Feiertag schenken will, versetze ich mich in meiner Erinnerung zurück in die zehn Monate, die ich auf Java verbracht habe. Ich döse auf meinem mit chinesischer Seide bezogenen Diwan und atme die blumige Luft meines für immer verlorenen Palasts. Dann versuche ich mir einzureden, dass ich immer noch die samtweichen Tritte meiner von Juwelen glitzernden Sklavinnen höre; noch immer strahlt die Sonne Ostindiens auf die Muster meiner Kaschmirstoffe, sogar durch die

Reismatten hindurch; meine Bengali-Vögel fliegen und singen um mich herum; üppige Blumensträuße in langhalsigen Vasen umgeben mich mit ihrem lieblichen Duft; ich befinde mich mitten in jenem arabischen Märchen, das einst für mich Wirklichkeit war; und endlich ist meine weißhäutige Javanerin da, inmitten ihrer schwarzen Haare ruhend wie ein Reh auf einem Blätterkissen ...

Ach, werter Herr! Sich nach befriedigter Wollust seiner Ermattung hinzugeben und Düfte zu atmen, die sich erfrischend und verflüchtigend auf die empfindlichen Papillen der Seele legen ... nichts tun, nichts denken; sein eigener Poet sein; die unschuldigen Träume in die tiefsten Tiefen des Herzens versenken; glauben Sie mir, in unserer unzulänglichen Welt entspricht solch ein Leben am meisten dem Sein in jener Welt anbetungswürdiger Vollkommenheit, die man in allen Ländern *Himmel* und in der katholischen, apostolischen und römischen Religion *Paradies* nennt.

Aber ach! Von der Vergangenheit träumen und dann beim Wachwerden einen schriftlichen Einsatzbefehl der Nationalgarde vor sich liegen sehen, den einem die große Dirne namens »Nationale Freiheit« geschickt hat, ist eine schreckliche Qual, die einen wieder in die Hölle unserer Pariser Zivilisation zurückwirft, wo man sich jeglicher Lust und Leidenschaft schämt; wo sich der Fiskus ein Fuhrwerk und sogar die Frauenbrüste krallt! ... Ach! Ostindien ist die Heimat der Wollust! ... Man sagt, Paris sei die Heimat des Denkens! Diese Erkenntnis tröstet. Jener Trost wäre noch größer, wenn man Javanerinnen auch in Paris antreffen könnte! Aber leider gibt es dort nur Halbjavanerinnen ohne solches Haar; die

Pariserinnen halten sich für sehr geistreich, die Frau des Orients jedoch ist ein raffiniertes Biest.

Aber wenn ich Ihnen von allen Eigenheiten dieses Landes erzählen wollte, benötigte ich mehr als zehn Abende . . . .

. . . .

»Danke«, sage ich jenem Reisenden, »Sie haben mir Java gezeigt und mir die Transportkosten, die Havarien, die Stürme und die Javanerin erspart.«

Während der sieben weiteren Tage, die ich in Angoulême bleiben sollte, erzählte mir Herr Grand-B......n, der mir wie eine äußerst lebendige zweite Ausgabe von Sindbad dem Seefahrer vorkam, tausend Abenteuer voller Schrecken, Liebe und Gefahren, die nach dem Ganges lechzen ließen. Dann überließ er mir großzügig sehr interessante Dokumente über Ostindien, deren Dramen, Dichtungen und Bilder ich verwenden will, um jene, welche die Kunst des Studierens nicht kennen, zur Bemerkung zu veranlassen:

»Wie findet er denn die Zeit zu solchen Reisen?«

Oder:

»Er ist verrückt! ... Glauben Sie ihm nicht, er hat nur Flausen im Kopf! ... Er ist genauso wenig auf Java gewesen wie Sie und ich!«

In der Tat, bald befand ich mich wieder in der Kutsche und war auf der Rückreise nach Paris durch die Felder der Touraine und des Poitou unterwegs, die ich niemals mehr wiederzusehen glaubte.

Während der ersten Tage nach meiner Ankunft in Paris war mir ziemlich elend zumute, da mir langsam klar wurde, dass ich keineswegs auf Java gewesen war, sondern dass die Erzählungen jenes Reisenden meine Fantasie gehörig beflügelt hatten. Kaum wage ich zu sagen, dass ich von Javanerinnen träume, auf die Haare der Pariserinnen achte und mich vergewissere, ob alle Frauen mit dichten langen Haaren blasse Haut haben.

Sollte denn jemand im Gegensatz zu mir tatsächlich Java besucht haben, so wette ich, dass all diese Reisenden – einstige und heutige – sich dort nicht besser als ich amüsiert haben und dass sie es ebenso gut oder so schlecht kennen wie ich. Wahr oder nicht wahr – all diese fantastischen Gespräche haben mir die indische Poesie eingeimpft. Es gibt Tage, es gibt Nächte, an denen der Geist Asiens in mir aufkeimt, erwacht und mich durchdringt ... Dann spielt er mir auf einer imaginären, irgendwo aufgespannten Leinwand höchst eigenwillige Szenen mit Schattenspiel-Figuren vor ... Ich habe die Ehre, dies Ihnen allen zu wünschen.

Aix-les-Bains, September 1832

De Balzac

Anmerkungen
Reise von Paris nach Java

1 Charles Nodier (1780–1844) war ein französischer Schriftsteller der Romantik und Mitglied der Académie Française. 1824 wurde er zum Direktor der Pariser Bibliothèque de l'Arsenal ernannt. Die hier erwähnte kuriose, von Laurence Sterne inspirierte *Geschichte des Königs von Böhmen und seiner sieben Schlösser* (*Histoire du roi de Bohême et de ses sept châteaux*) erschien 1830. Balzac war sehr angetan von dieser Erzählung, die ähnlich literarisch-märchenhafte Züge wie sein Java-Artikel hat. In der Geschichte nimmt sich der Autor als Transportmittel für seine Reise nach Böhmen den Esel Balaams (einem biblischen Propheten Gottes), die Schindmähre von Frère Jean des Entommeures (eine Figur aus François Rabelais' Groteske *Gargantua und Pantagruel*), das Maultier der Abbess of Andouillets (eine Figur aus Laurence Sternes *Tristram Shandy*), den Zelter (Gangpferd) von *Lenore* (aus der gleichnamigen Ballade Gottfried August Bürgers), ein Pferd der apokalyptischen Reiter, den Heißluftballon der Brüder Montgolfier, die Schultern eines Ifrit (arabisches Geistwesen), einen Greif und schließlich auch ein normales Pferd.

2 Anne-Louis Girodet-Trioson (1767–1824) war ein französischer Historien- und Porträtmaler, Illustrator klassischer literarischer Werke und Dichter. Die hier zitierte Äußerung Girodets ist nicht überliefert und wohl eine Erfindung Balzacs.

3 Ein 1645 von den Barmherzigen Brüdern gegründetes Krankenhaus in Saint-Maurice bei Paris, das durch die Entscheidung berühmt wurde, auch die seinerzeit in geschlossener Anstalt Untergebrachten aufzunehmen.

4 Im 16. Jahrhundert Hauptstadt des gleichnamigen unabhängigen indischen Königreiches.

5 Veraltete Bezeichnung für Indien.

6 Pariser Porzellanhändler, bei dem Balzac nachweislich Kunde war.

7 Indische Tänzerinnen, die als Gottesdienerinnen bei Gottesdiensten oder bei weltlichen Veranstaltungen auftraten. In Europa wurde daraus ein romantisierender Begriff für indische Tempeltänzerinnen oder Freudenmädchen, der u. a. in Goethes Gedicht »Der Gott und die Bajadere« vorkommt.

8 Fabelwesen, vermutlich eine Erfindung des italienischen Renaissancedichters Ludovico Ariosto. Es hat den Kopf, die Flügel und die Vorderbeine eines Adlers und den Hinterleib eines Pferdes.

9 Schloss nahe der Stadt Artannes-sur-Indre, wo sich Balzac zu dieser Zeit sehr häufig aufhielt.

10 Louis Tristan L'Hermite (? – 1478 oder 1491) war ein französischer Offizier u. a. in der Funktion eines »prévôt des maréchaux«, der die rechtsprechende Gewalt über Straßenräuber, Wegelagerer und Falschmünzer innehatte. Er stieg bis zum Berater der französischen Könige Karl VII. und Ludwig XI. auf. In Victor Hugos *Notre-Dame de Paris* (*Der Glöckner von Notre-Dame*) erscheint er als Romanfigur.

11 Bei Saché gelegenes Schloss.

12 Gemeint ist Schloss Saché am Rande der französischen Gemeinde Saché im Département Indre-et-Loire (Arrondissement Chinon). Der damalige Schlossbesitzer Jean de Margonne war väterlicher Freund und Förderer Balzacs. Durch ihn bekam Balzac die Gelegenheit, sich zwischen 1824 und 1837 immer wieder für längere Zeit dorthin zurückzuziehen. Ein Teil seiner Romane ist in diesem Schloss entstanden.

13 Französische Stadt im Département Indre-et-Loire.

14 Frühere französische Bezeichnung von Chandannagar, heute eine Stadt im indischen Bundesstaat Westbengalen rund 40 Kilometer nördlich von Kalkutta. Sie wurde 1673 gegründet und war (von Zeiten englischer Besatzung unterbrochen) bis zur Mitte des 20. Jahrhunderts eine französische Kolonie.

15 Eine indische Inselgruppe in der Lakkadivensee, einem Randmeer des Indischen Ozeans.

16 Gemeint ist wohl der französische Philosoph und Schriftsteller Voltaire (eigentlich: François-Marie Arouet, 1694–1778). Balzac nimmt an dieser Stelle wahrscheinlich auf dessen unstetes Leben, u. a. an verschiedenen europäischen Höfen, spöttisch Bezug. Ab 1750 hatte Voltaire am Hof Friedrichs II. auf dessen Wunsch das Amt eines Königlichen Kammerherrn inne. Das Verhältnis zu Friedrich dem Großen trübte sich jedoch bereits 1751 ein, da Voltaire trotz königlichen Verbots zusammen mit einem Berliner Bankier Spekulationsgeschäfte mit sächsischen Staatsschuldverschreibungen betrieb. Die Angelegenheit wurde ruchbar, als Voltaire und der Berliner Bankier sich zerstritten und in der Folge gegeneinander prozessierten. Mit dem zitierten Wunsch des »Wanderfalken« an Friedrich II., »ihn in Berlin an das Geld kommen zu lassen, das in Dresden für ihn hinterlegt worden war«, spielt Balzac ironisch auf diesen Vorfall an.

17 Baron Philippe-Isidore Picot de Lapeyrouse (1744–1818) war ein französischer Naturforscher. Die meiste Zeit seines Lebens befand er sich auf Forschungsreisen.

18 Zu dieser Zeit wohnte Balzac in der Rue Cassini nahe dem Pariser Observatorium.

19 George Macartney, I. Earl Macartney (1737–1806) war ein britischer Staatsmann, Kolonialbeamter und Diplomat irischer Herkunft.

20 William Pitt Amherst, I. Earl Amherst (1773–1857), ein britischer Politiker und Staatsmann, war von August 1823 bis Februar 1828 Generalgouverneur von Indien.

21 Charles-Étienne-François Comte Ruty (1774–1828) war »lieutenant-général« (dieser Titel wurde vom französischen König auf solche Personen übertragen, die er in bestimmten Funktionen als seine Stellvertreter einsetzte) und »conseiller d'État« (Staatsrat).

22 Jakob war einer der Erzväter aus dem Alten Testament. Die Brüder Jakob und Esau hatten sich im Streit getrennt und entzweit, sie sollten sich aber wieder begegnen. In der Nacht vor der Wiederbegegnung wurde Jakob am Fluss Jabbok von einem Mann angegriffen, der mit ihm die ganze Nacht rang. Als die Morgendämmerung heraufzog, ließ Jakob ihn nur gegen einen Segen ziehen: »Ich lasse dich nicht, du segnest mich denn.« (1. Mose 32,27). Er erhielt von dem Mann, der sich als himmlisches Wesen herausstellte, den Namen Israel, »Gottesstreiter«, da er mit Gott und Menschen gerungen und gesiegt hatte.

23 Der Begriff Menetekel ist von einem biblischen Wortspiel in akkadischer Sprache abgeleitet, das Gott dem König Belsazar als Ankündigung seines baldigen Todes und Untergangs seines Königreiches überbracht haben soll. Mene bedeutet: gezählt, d. h. »Gott hat gezählt die Tage Deiner Königsherrschaft und sie beendet«; Tekel bedeutet: gewogen, d. h. »Du wurdest auf der Waage gewogen und für zu leicht befunden«; Peres bedeutet: zerteilt, d. h. »Zerteilt wird Dein Königreich und den Persern und Medern übergeben«. Das »Menetekel« wurde zum allgemeinen Begriff für eine unheilverkündende Warnung, einen ernsten Mahnruf oder ein Vorzeichen drohenden Unheils.

24 Antonius der Große (ca. 251–356) war ein christlicher ägyptischer Mönch, Asket und Einsiedler. Während seiner langen

Wüstenaufenthalte als Einsiedler wurde er immer wieder von quälenden Visionen heimgesucht. Der Teufel soll ihm in verschiedener Gestalt erschienen sein, um ihn von seinem asketischen Leben abzubringen. Antonius ist der Schutzpatron der Bauern und ihrer Nutztiere. Er wird in der Kunst oft zusammen mit einem Schwein dargestellt, worauf Balzac hier anspielt.

25 Wohlriechendes Öl, das im 19. und frühen 20. Jahrhundert hauptsächlich von Männern als Haaröl zum Kämmen und Frisieren verwendet wurde.

26 Abraham Naquet, Pariser Parfümeur und Händler von Makassar-Öl.

27 Charles Perrault (1628–1703) war ein französischer Schriftsteller und berühmt für seine Märchensammlung.

28 Der hier kursiv geschriebene Absatz enthält die von der »Revue de Paris« aus moralischen Gründen gestrichenen Passagen.

29 Ein Pariser Gefängnis von 1790 bis 1899. Viele bekannte Personen wurden dort – oft aus politischen Gründen – gefangen gehalten, u. a. Marquis de Sade, Honoré Daumier, François Vidocq und Charles Nodier. Manchmal ließen Gläubiger ihre insolventen Schuldner dort einsperren.

30 *Der Tod des Sardanapal* ist ein Gemälde des französischen Malers Eugène Delacroix. Sardanapal war ein (historisch nicht belegter) assyrischer König. Delacroix hält auf dem Gemälde den letzten Augenblick im Leben des Königs fest: Sardanapal führte ein Leben voller Luxus und Reichtum. Er wurde zwei Jahre lang von den Medern belagert, verteidigte sein Reich aber bis zuletzt. Als er merkte, dass er kapitulieren musste, befahl er seinen Dienern, alle Reichtümer zu zerstören. Bevor er sich selbst mit Gift tötete, sperrte er sich mit seinen Schätzen und seiner Gefolgschaft in einem Raum ein, der schließlich in Brand gesetzt wurde. Das Inferno dauerte 15 Tage. Auf dem Gemälde

sieht man Sardanapal auf einem breiten Bett ruhend, um sich herum Kostbarkeiten angehäuft. Mit Gleichmut betrachtet er, wie in dem Zimmer alles Leben ausgelöscht wird. Im Hintergrund züngeln die ersten Flammen.

31 Eine Vogelart aus der Familie der Prachtfinken. Sie ist im Südosten Asiens beheimatet.

32 Nach islamischem Glauben Jungfrauen im Paradies.

33 Eine 1818 von Anton Haeckl in Wien erbaute Tastenharmonika. Sie gilt als Vorläuferin des Harmoniums, der Harmonika und des Pianoakkordeons.

34 Carl Maria von Weber (1786–1826) war ein deutscher Komponist, Dirigent und Pianist.

35 Laurence Sterne (1713–1768), englisch-irischer Schriftsteller und Geistlicher. Er klassifizierte die Reisenden in seinem Werk *Eine empfindsame Reise durch Frankreich und Italien* in folgende Typen: Neugierige, Hochmütige, Müßige, Lügner und Empfindsame.

36 Einer Anekdote zufolge reiste ein Engländer nach Blois und bekam dort mit seiner Wirtin Streit. Diese einzige Frau, die der Engländer in Blois sah, hatte rote Haare. Er schrieb sodann in sein Tagebuch: »Die Frauen von Blois sind rothaarig und zanksüchtig.«

37 Dieser Satz ist ein Zitat aus Jean de La Fontaines Fabel »Les Deux Pigeons« (»J'étais là, telle chose m'advint.«)

38 Orchester der Possenreißer, abgeleitet von der italienischen »Opera buffa«, der komischen Oper.

39 Gemeint ist die 1817 in Mailand uraufgeführte Oper *La gazza ladra* (*Die diebische Elster*) von Gioachino Rossini.

40 Sich wild gebärdende weibliche Personen (auch Bacchantinnen genannt). Sie waren die mythischen Begleiterinnen der Züge des

Dionysos, dem Gott des Weines, der Freude, der Trauben, der Fruchtbarkeit, des Wahnsinns und der Ekstase.

41 Bezeichnung für die jeweils amtierende weissagende Priesterin des antiken Orakels von Delphi, die in veränderten Bewusstseinszuständen ihre Prophezeiungen verkündete. Sie saß im Apollontempel auf einem Dreifuß über einer Erdspalte. Ein aus dieser Spalte austretendes Gas versetzte die Pythia angeblich in eine Art Trance.

42 Die wissenschaftliche Bezeichnung für den Baum lautet Antiaris toxicaria, der zur Familie der Maulbeergewächse gehört. Weitere Bezeichnungen sind Javanischer Giftbaum, Borneobaum, Javagiftbaum oder Ipobaum. Er wächst als immergrüner Baum und erreicht Wuchshöhen von bis zu 40 m. Die Borke ist weißlich-grau.

43 Name dreier italienischer Giftmörderinnen in Palermo, Rom und Neapel im 17. und 18. Jahrhundert. Das Gift war wohl eine Arsenlösung, möglicherweise in Kombination mit Belladonna. Es handelte sich um eine klare, farb- und geschmacklose Flüssigkeit, die von ihnen europaweit verkauft wurde. Sie sollen an der Ermordung mehrerer Hundert Menschen beteiligt gewesen sein und wurden öffentlich hingerichtet.

44 Gemeint ist Marquise de Brinvilliers (1630–1676), eine der bekanntesten Giftmörderinnen der Kriminalgeschichte. Sie vergiftete ihren Vater, ihre zwei Brüder und fast ihre Schwester. Diese Morde beging sie unter Mithilfe ihres Geliebten, des Chevaliers Godin de Sainte-Croix. Weitere Giftmorde und Mordversuche wurden ihr nachgesagt, aber nie stichhaltig bewiesen.

45 Eine Pflanzengattung in der Familie der Brechnussgewächse. Die Strychnos-Arten sind tropische bis subtropische Pflanzen und wachsen als Bäume, Sträucher oder Lianen.

46 Ein asymmetrischer Dolch aus Südostasien.

47 In der Vergangenheit wurde der Begriff Malaien für nahezu sämtliche südostasiatischen Völker gebraucht. In diesem Sinne wird der Begriff Malaien heute nicht mehr benutzt.

48 Place de l'Hôtel-de-Ville in Paris, bis 1803 Place de Grève, ist das alte wirtschaftliche Zentrum der Stadt. Der Platz vor dem Pariser Rathaus war im Mittelalter der älteste Hafen- und Anlegeplatz. In den vergangenen Jahrhunderten war die Stelle berüchtigt für öffentliche Hinrichtungen. Dort standen Galgen, Pranger und Richtblock. 1792 wurde auf der Place de Grève die erste Hinrichtung durch die Guillotine vorgenommen.

49 Das Gesetz vom 22. März 1831 regelte die Organisation der französischen Nationalgarde (»garde nationale«), die als Bürgermiliz zur Verteidigung der konstitutionellen Monarchie und Aufrechterhaltung von Recht und öffentlicher Sicherheit eingesetzt wurde. Dabei wurden grundsätzlich alle Franzosen vom 20. bis zum 60. Lebensjahr verpflichtet und bei Verweigerung zu mehreren Tagen Gefängnisarrest verurteilt.

50 Französische Städte in der Region Île-de-France nordöstlich (Pantin) bzw. südwestlich (Montrouge) von Paris.

Gewidmet meiner Frau Birgitta
mit Dank für ihre wertvolle Unterstützung

Ulrich Esser-Simon

Nachwort

Honoré de Balzac ist weder nach China noch nach Java gereist. Bei seinen beiden in diesem Band vorgestellten Zeitschriftenartikeln handelt es sich um Texte über sogenannte *voyages imaginaires* – eine französische Gattungsbezeichnung für imaginäre Reisen oder frei übersetzt »Reisen in der Fantasie«. Bis zum 18. Jahrhundert wurden Reiseutopien in Frankreich terminologisch kaum von der auf tatsächlichen Begebenheiten basierenden Reiseliteratur unterschieden. Doch vollkommen utopisch sind Balzacs »Traumreisen« in den vorliegenden Fällen nicht, denn Hintergrund beider Arbeiten waren ihm zugetragene Berichte anderer Personen, welche die Reisen zu den beschriebenen Zielen tatsächlich unternommen hatten. Balzacs »Gedankenexkursionen« geraten zur unterhaltsamen Causerie, werden zur geistvoll-amüsanten Plauderei und sagen sehr viel über die Inspirationen ihres Verfassers aus, der immer wieder charmant vom Thema abkommt und Spitzen gegen die Tagespolitik der französischen Regierung austeilt. Mit seinen zahlreichen plötzlichen Geistesblitzen und Seitenhieben zeigt sich Balzac in beiden Artikeln als unterhaltsamer und fantasiereicher Gesprächspartner.

Balzacs vierteiliger Magazinartikel *China und die Chinesen* erschien vom 14. bis 18. Oktober 1842 in der Zeitschrift *La Législature* als Buchbesprechung zum Werk des Malers Auguste Borget (1808–1877) mit dem Titel *La Chine et les Chinois par M. Auguste*

Borget, dessins exécutés d'après nature, lithographies à deux teintes par E. Cicéri, accompagnés de fragments de voyage. In folio. À paraître chez Goupil et Vibert. Dabei handelte es sich um ein prachtvolles Album im Folio-Format mit 32 Zeichnungen Borgets, die der Maler und Graveur Eugène Cicéri (1813–1890) für das Buch als zweifarbige Lithografien gestaltet hatte. Beigefügt waren 26 Seiten mit bildbegleitenden Textauszügen aus Briefen Borgets. Die 1842 gegründete Zeitschrift *La Législature* nannte sich im Untertitel »Journal beider Kammern für Politik, Wirtschaft, Industrie, Landwirtschaft, Literatur und Wissenschaft« (*Journal des deux chambres, politique, commercial, industriel, agricole, littéraire et scientifique*). Auf dem Reklameprospekt des Journals stand: »Als Tageszeitung sieht sich [*La Législature*] ihren Abonnenten gegenüber jeden Tag dazu verpflichtet, ein vollständiges und überparteiliches Bild des politischen, wirtschaftlichen und literarischen Geschehens vom Vortag zu präsentieren.« Dem ambitionierten Journal war jedoch nur eine sehr kurze Lebenszeit vom 26. Juli 1842 bis zum 20. Dezember 1843 vergönnt.

Der Maler und Weltreisende Auguste Borget ist heute so gut wie vergessen. Aus Issoudun in der zentralfranzösischen, ländlich geprägten Landschaft Berry gebürtig, wurde er zum bekannten Künstler im Paris der Dreißigerjahre des 19. Jahrhunderts. Er startete 1836 von Le Havre in Richtung New York, reiste dann nach Brasilien, Uruguay, Argentinien und Chile, wo er jeweils einige Zeit verbrachte, in Kontakt zu anderen Künstlern trat und viele Zeichnungen anfertigte. Im August 1838 erreichte er nach

Zwischenstationen in Bolivien, Peru und den Sandwich-Inseln die Küste von China. Da er keine Zugangsberechtigung für das chinesische Binnenland besaß, konnte er sich nur in Küstennähe aufhalten und kam so nach Hongkong, Kanton und Macao. Spätere Reisestationen Borgets wurden die Philippinen, Manila und schließlich zu Anfang des Jahres 1840 Kalkutta, wo er schwer erkrankte und dann auf ärztlichen Rat die Rückreise nach Frankreich antreten musste. Im Gepäck hatte er unzählige seiner Zeichnungen und viele Kunstobjekte, Malereien und Textilien aus den von ihm besuchten Ländern und umgab sich damit in seinem Pariser Atelier. In den nächsten Jahren folgten mehrere Ausstellungen seiner Werke, von der Kritik teils sehr wohlwollend (z. B. Theophile Gautier), teils etwas verhaltener (z. B. Charles Baudelaire) aufgenommen. König Louis-Philippe kaufte einige seiner Arbeiten. Viele seiner Zeichnungen wurden, dem damaligen Zeitgeschmack für Chinoiserie entsprechend, auf Porzellan reproduziert. 1845 erschienen einige von Borgets Berichten zu seinen Reisen um die Welt unter dem Titel *Fragments d'un voyage autour du monde*, später folgten in diversen Zeitschriften weitere Artikel über seine Reisen. Seine letzten fast dreißig Lebensjahre verbrachte Borget zurückgezogen in Bourges, der Hauptstadt seiner Heimatprovinz Berry, und widmete sich – neben wenigen Ausstellungen seiner Werke – einer weiteren Leidenschaft, dem Blumenzüchten. In dieser Zeit wandte sich der in seiner Jugend antiklerikale Borget mehr und mehr dem katholischen Glauben zu. Demut, Rückzug aus der großstädtischen Welt und

Nächstenliebe wurden ab 1850 zu seinen Lebensprinzipien. Er kümmerte sich um Bedürftige, besuchte Kranke und Sterbende, verkaufte seine in aller Welt erworbenen Objekte und verbrannte schließlich sogar seine Korrespondenz mit den ihm ehemals sehr vertrauten Bekannten Zulma Carraud und Balzac. Schon 1836 hatte Balzac ihm seine Novelle *La Messe de l'athée* (*Die Messe des Atheisten*) gewidmet, in welcher der atheistische, nur an die Wissenschaft glaubende Chirurg Desplein viermal im Jahr eine von ihm bezahlte Totenmesse für einen armen, sehr frommen Verstorbenen namens Bourgeat (!) lesen lässt, der ihm als jungem mittellosem Studenten wie ein Vater war und ihm sein weniges Erspartes gab, damit er studieren und einen Beruf ergreifen konnte. Balzac stellte mit dieser kurzen, in einer Nacht geschriebenen Novelle die schlichte Menschlichkeit über jede strenge Religiosität. Vielleicht hatte er mit seiner Widmung bereits zu jener Zeit die spätere, extrem große Frömmigkeit des Humanisten Borget vorausgeahnt?

Balzac riet seinem Freund Borget einst von der Weltreise ab, dies ist anhand der Korrespondenz Balzacs dokumentiert. Im April 1842, sechs Monate vor Publikation der Buchbesprechung, schrieb Balzac an Madame Hańska, seine spätere Ehefrau: »Borget ist aus China zurückgekehrt. Er hat abscheuliche Bilder (›*détestables tableaux*‹) aus China angefertigt, die von Louis-Philippe gekauft werden.« Selbstverständlich war Borget dieser vertrauliche Briefwechsel Balzacs nicht bekannt. Es ist davon auszugehen, dass Borget in diesem Jahr seinen berühmten Freund, dessen Name allein schon eine breite Leserschaft in Aussicht stellte, um eine Besprechung seines in Kürze erscheinenden Buches bat. Balzac schlug ihm diese Bitte nicht ab und verfasste einen langen Zeitschriftenartikel. Dabei stand er jedoch zunächst vor dem Problem, ein Buch über eine Reise zu besprechen, von der er dem Freund abgeraten hatte, und ein Album mit Bildern dieses Freundes zu rezensieren, die ihm nicht gefielen. Um diese Gratwanderung zu meistern, bedurfte es der Genialität Balzacs. Und so stellte Balzac in seinem Artikel nicht die Bilder Borgets in den Fokus, sondern behandelte das Album wie ein Buch, dessen Text ihm gefiel und das ihm Inspirationen für seine *voyage imaginaire* nach China lieferte. So wurde daraus letztlich ein grandioser vierteiliger Magazinartikel à la Balzac.

Die Bilder Borgets werden nur beiläufig hier und da erwähnt, die Texte allerdings häufig zitiert. Balzac schreibt am Schluss seiner Rezension: »Ich habe den etwas über dreißig Zeichnungen, die im Buch unseres Reisenden abgedruckt sind, nur wenig Beachtung geschenkt; seine Briefe, von denen er nur einige Fragmente veröffentlicht hat, um seine Bildtafeln zu erläutern, waren für mich der interessantere Teil. Er hätte umgekehrt verfahren sollen, das heißt, die Zeichnungen zeigen, um den Text zu erläutern.« Im Gegensatz zu Balzac waren andere zeitgenössische Kunstkritiker von den Bildern Borgets sehr angetan. Begeistert äußerte sich Balzac allerdings über den Weltreisenden und Briefeschreiber Borget und kam zu dem Schluss: »Es wäre von der französischen Regierung kein Fehler, ihn mit der Aufgabe zu betrauen, dorthin zurückzukehren und sein Werk zu Ende zu führen. Er ist aufrichtig, ein ehrbarer Mensch, selbstverständlich auch als Reisender; nicht alle Reisenden sind aus diesem Holz geschnitzt. Sein Stil hat etwas von jener sanften Bosheit, die dem Bericht Würze gibt und ihn bekömmlicher macht. Hoffen wir, dass er für dieses schöne grundlegende Werk angemessen belohnt werden wird.«

Balzacs Artikel ist auch ein politischer Text, mit dem er die Politik des Königs Louis-Philippe verurteilt, die Sozialpolitik kritisiert, die Korruptheit und ungerechten Entscheidungen der Ministerien anprangert und die französische Außenhandelswirtschaft bemängelt. Balzac war der Ansicht, der französische Staat solle sich, anstatt Kriege im Ausland zu finanzieren (dabei dachte er an die Kolonisation Algeriens), um das französische Volk, und dabei vor allem um die ärmeren Schichten, kümmern und hierfür Mittel einsetzen. Er schreibt: »Die Aufgabe einer Regierung ist sehr viel weniger, Revolten niederzuschlagen, als vielmehr, dem Volk das Leben leichter zu machen« und bemerkt an einer anderen Stelle: »Unsere Staatsmänner sollten sich diesen Grundsatz in ihre Köpfe meißeln: Ein Land ist nicht dann wohlhabend, wenn es viel Geld von einer Tasche in die andere wirtschaftet, sondern wenn man dort viele Konsumgüter für wenig Geld bekommen kann.« Diesen Grundsatz sieht er in China besser verwirklicht als in Frankreich. Mit seinen Bemerkungen zur französischen Innenpolitik und schließlich seinen Ansichten hinsichtlich des ersten Opiumkrieges zwischen England und China geht Balzac in seiner Kritik wesentlich weiter als Borget in seiner verhaltenen

Bemängelung. Mit einer gewissen Blindheit verklärt Balzac jedoch die realen Verhältnisse in China, so wie sie Borget beschrieben und gezeichnet hat, um daraufhin umso schärfer die Politik der französischen Regierung unter König Louis-Philippe aufs Korn zu nehmen. Gegenüber den in dieser Hinsicht unverfänglichen Texten Borgets wird Balzacs Buchbesprechung an manchen Stellen zu einem politisch hochexplosiven Text. Die ernüchternden sozialen Verhältnisse in seinem Heimatland lassen Balzac immer wieder aus seinem verklärten Traum über das China seiner Kindheit und Jugend erwachen und zum kompromisslosen Kritiker der französischen Regierung werden. Auch dies macht den Text so lesenswert und interessant, denn man erlebt nicht nur den geistreichen Plauderer und Träumer, sondern auch den politisch wachen und ungeniert schimpfenden Balzac, der aus seinem Herzen keine Mördergrube macht.

Balzacs Zeitschriftenartikel *China und die Chinesen* erscheint hiermit erstmals in deutscher Übersetzung.

Die *Reise von Paris nach Java* ist eine veritable »Traumreise«, eine Reiseutopie fantastischer Spielart im Gewand eines in der Ich-Form geschriebenen Reiseberichts. Im Rahmen des riesigen Gesamtwerks Balzacs ist dieser fast vergessene Text sehr ungewöhnlich und ausgefallen. Sein Charme liegt in der für den großen Realisten Balzac erstaunlich traumverlorenen und ungewohnt wirklichkeitsfernen Erzählweise. Der Autor schildert kraft seiner Imagination eine »Reise im Kopf« zur exotischen Insel Java und lässt dabei manchen realen Reisebericht weit hinter sich und Südostasien zur Illusion einer sinnenhaft-leidenschaftlichen Erfahrung werden. Java wird ihm zum Synonym für erotische Schwärmerei und rauschhaften Genuss, gefährliche Abenteuer und skurrile Komik. Dass dieser Text an die Motive einer »Robinsonade«, der Schilderung einer Existenz auf einer entlegenen Insel, erinnern soll, lässt Balzac direkt zu Beginn seines ersten Satzes anklingen, indem er Bezug auf den »seligen Robinson Crusoe« und dessen heftiges Fernweh nimmt. Man kann den Artikel auch als Parodie auf die Berichte der großen Weltreisenden des 18. und 19. Jahrhunderts verstehen. So bezeichnet Balzac die Lords »aus dem Kreis der Forschungsreisenden« als »große Scharlatane«. Bei aller Entrücktheit vergisst er auch hier keineswegs, seine handfesten Betrachtungen und Ansichten über die soziale und politische Realität in seiner Heimat Frankreich mitzuteilen, und stellt diese der (ihm zugetragenen) Realität auf Java gegenüber.

Woher nun entsprangen Balzacs Eingebungen zur Sundainsel Java, die in jener Zeit als holländische Kolonie politisch zu »Niederländisch-Indien« (*Indes néerlandaises*) gehörte? Ab Ende Oktober des Jahres 1831 arbeitete Balzac bei seinem väterlichen Freund und Förderer Jean de Margonne auf dessen Schloss Saché unter anderem an seinem Roman *Louis Lambert* und blieb dort bis Ende Dezember, um sich anschließend wieder nach Paris zu begeben. Während dieser Zeit war er auch einige Tage in Angoulême zu Gast bei seiner Bekannten Zulma Carraud und ihrem Ehemann, dem Direktor der dortigen Fabrik für Sprengstoffpulver. Balzac spielte mit dem Gedanken an eine politische Kandidatur in dieser Region, suchte entsprechende Beziehungen zu knüpfen und nahm nicht zuletzt auch deshalb an diversen Festivitäten teil, bei denen er sein Talent für geistreiche Konversation gut einzusetzen verstand. Einer der Teilnehmer an den Abendveranstaltungen der Carrauds war der zuständige Kommissar für Sprengstoffangelegenheiten (*commissaire aux poudres*) mit Namen Grand-Besançon. Von ihm weiß man nur, dass er sich zeitweilig in Asien aufgehalten hatte und seine Reiseerlebnisse während der abendlichen Geselligkeiten zum Besten gab. Die mündlichen Berichte Grand-Besançons inspirierten Balzac zur *Reise von Paris nach Java,* und er machte sich bereits in Angoulême erste literarische Skizzen.

Zurückgekehrt nach Paris redigierte Balzac dort erneut seinen Java-Artikel. Ende Januar 1832 schickte er ein Exemplar des zunächst für die literarische Monatszeitschrift *Revue des Deux Mondes* vorgesehenen Artikels an Zulma Carraud, die ihn Grand-Besançon zeigen sollte. Warum der Text dann doch nicht in *Revue des Deux Mondes* erschien, ist nicht bekannt. Am 2. September 1832 schrieb der damals in Aix-les-Bains weilende Balzac, der dort das bereits knapp ein Jahr alte Manuskript seines Zeitschriftenartikels erneut überarbeitet und wesentlich erweitert hatte, an Zulma Carraud: »Die Reise nach Java wird im November erscheinen. Herr Grand-Besançon wird die Ausgabe der Revue bekommen, in der sie veröffentlicht sein wird.« Mit *Revue* war nun die französische Literaturzeitschrift *Revue de Paris* gemeint, deren verantwortlicher Redakteur der Romancier, Historiker und Übersetzer Amédée

Pichot war. In diesem Wochenmagazin, das von 1829 bis 1970 mit diversen Zeiten der Unterbrechung erschien, veröffentlichte Balzac einige seiner Werke, u. a. *L'Auberge rouge* oder den Anfang von *Père Goriot*. Im Lauf der Zeit publizierten dort neben anderen auch Alexandre Dumas, Gustave Flaubert oder Prosper Mérimée. Aus einem Schreiben von Pichot an Balzac geht hervor, dass Pichot einige Sätze des Java-Manuskripts, die ihm als zu freizügig erschienen, für eine Publikation in seiner Zeitschrift aus dem Manuskript gestrichen hatte. Am 23. November 1832 schrieb er an Balzac: »Ihre Abwesenheit zwingt mich zu einem autoritären Akt, den ich nicht ohne Ihr Einverständnis begehen möchte. Sie wissen, dass ich auf jegliche literarische Bevormundung verzichte; aber mein vielleicht aus Prüderie törichtes Gewissen zwingt mich, zwei Sätze Ihrer Beschreibung von Körperverrenkungen javanischer Frauen in Ihrer Reise von Paris nach Java zu streichen. Die Druckerei war ebenso wie ich entsetzt über dieses, nebenbei bemerkt, so charmante Bild der körperlichen Liebe. Der Doppelsinn, die Zweideutigkeit etc. sind für unser Abonnentenpublikum sehr schlimme Dinge. Was in einer gebundenen Ausgabe durchgehen kann […], springt in einem Artikel der Revue sofort ins Auge. Ich werde in unserer Zeitschrift nichts zulassen, was ich nicht vor einer Frau laut vorlesen könnte. Dieses sind ausschließlich moralische Skrupel, die in keiner Weise Ihre literarische Überlegenheit infrage stellen sollen.« Balzac, der in anderen Fällen sehr bestimmt gegen ähnliche Maßnahmen Pichots vorging, antwortete hierauf allerdings wie folgt: »Ich danke Ihnen, dass Sie die beiden Sätze wegfallen lassen, die mir und der Zeitschrift schaden könnten. Da haben Sie mir wahrlich einen guten Dienst erwiesen. Das Tolldreiste sollte nur dem Tolldreisten vorbehalten bleiben und da ich eher ein schamhafter Mensch bin, sollte ich dies beherzigen. Da ich seinerzeit mit der Fertigstellung des ›Zweiten Zehents‹ meiner *Tolldreisten Geschichten* befasst war, hatte ich nicht so sehr auf Sätze geachtet, die unter das Genre fielen, mit dem ich mich damals beschäftigte.«

Der belgische Gelehrte, Sammler und Schriftsteller Vicomte Charles de Spoelberch de Lovenjoul (1836–1907), der sich im Besitz des ursprünglichen Balzac-Manuskripts zur *Reise von Paris nach Java* befand, veröffentlichte 1903 in seiner Arbeit *Une page perdue de H. de Balzac, Notes et Documents* erstmals die von Pichot für die *Revue de Paris* zensierten Passagen sowie den hier zitierten Briefwechsel zwischen Pichot und Balzac. In der vorliegenden deutschen Übersetzung wurden die aufgrund »moralischer Skrupel« von Pichot gestrichenen acht Sätze (statt der im Brief angegebenen zwei) an der gemäß den französischen Editionen vorgesehenen Textstelle eingesetzt und kenntlich gemacht. Zu Lebzeiten Balzacs war die Version in der *Revue de Paris* und nicht der Text des ursprünglichen Manuskripts die einzige mit Balzacs Einverständnis veröffentlichte Fassung.

Ulrich Esser-Simon

Lebensdaten Balzacs

1799 Geboren am 20. Mai als Honoré Balzac in Tours. Sein Vater, ein leitender Beamter, ist 54 Jahre, seine Mutter 19 Jahre alt. Honoré wird von einer Amme aufgezogen und mit vier Jahren zu einer anderen Familie gegeben.

1807 Vom 7. bis zum 14. Lebensjahr besucht Balzac die Klosterschule Collège de Vendôme. Der Kontakt zu seiner Familie ist so gut wie abgebrochen.

1813 Balzac kränkelt und bekommt schulische Probleme. Er verlässt die Klosterschule in Vendôme, kommt zurück zu den Eltern und besucht ein Gymnasium in Tours.

1814 Dienstliche Versetzung des Vaters nach Paris. Balzac wechselt zum Institut Lepître, dann zum Institut Ganser.

1816–1819 Gemäß dem Wunsch des Vaters beginnt Balzac das Studium der Rechte in Paris und arbeitet zudem als Schreibkraft bei einem Anwalt und einem Notar.

1819–1820 Der Vater geht in Pension. Umzug der Familie nach Villeparisis. Im letzten Abschnitt vor der eigentlichen Abschlussprüfung bricht Balzac das Studium ab und will Schriftsteller werden. Seine Eltern mieten ihm in Paris ein bescheidenes Zimmer an und setzen ihm für seinen Berufswunsch eine Frist von zwei Jahren. Er schreibt eine Verstragödie und philosophische Romane ohne jeden Verkaufserfolg.

1821–1824 Mit Auguste Lepoitevin gründet Balzac eine »Romanfabrik« und schreibt ab 1821 pseudonym Unterhaltungsromane, die ihm einen kargen Lebensunterhalt verschaffen. Nach einigen Monaten kommt es zum Bruch mit Lepoitevin. 1823 lernt Balzac die 22 Jahre ältere Laure de Berny kennen und wird für viele Jahre ihr Geliebter.

1825–1828 Balzac wird Geliebter der Herzogin d'Abrantès und hilft bei der Veröffentlichung ihrer Memoiren. Er macht als Verleger und Druckereibesitzer Bankrott und hat nun Schulden, die erst kurz vor seinem Tod beglichen werden können. Balzac widmet sich wieder dem Schriftstellerberuf.

1829–1830 Der Vater stirbt. Balzac hat erstmals literarischen Erfolg mit *Die Physiologie der Ehe*. Sein Zynismus wird allerdings als anstößig empfunden. Auch weitere erfolgreiche Romane, die er später in die Sammlung *Die Menschliche Komödie* aufnehmen wird, erregen Ärger. Er wird immer bekannter und nennt sich *de Balzac*. Ab 1830 Tätigkeiten als Journalist. Balzac verkehrt in vielen Salons, u. a. bei Madame Récamier. Die Sommerfrische verbringt er mit Laure de Berny auf ihrem Landsitz.

1831 Balzac führt fortan einen sehr luxuriösen Lebensstil mit aufwendig eingerichteter Wohnung und teurer Kleidung.

1832 Die verheiratete Gräfin Ewelina Hańska beginnt, ihm anonyme Briefe zu schicken. Die Korrespondenz mit ihr wird 16 Jahre dauern. Balzac kandidiert erfolglos für das französische Parlament.

1833 Erstes Treffen mit Gräfin Hańska in Neuchâtel. Bekanntschaft mit Baron Rothschild und Liebesbeziehung zu Maria du Fresnay, mit der er eine Tochter hat.

1834 Manische Arbeitsphasen wechseln sich mit Leben in ausgiebigem Luxus ab. Gräfin Guidoboni-Visconti wird seine Geliebte.

1835–1836 Treffen mit Gräfin Hańska und ihrem Ehemann in Wien. Empfang beim Fürsten Metternich. Die Pariser Wohnung in der Rue des Batailles wird zu seiner Arbeitsstätte und zugleich zum Zufluchtsort vor seinen Gläubigern. Gräfin Guidoboni-Visconti bringt einen Sohn zur Welt, dessen Vater vermutlich Balzac ist. Laure de Berny stirbt. Balzac reist mit der als Page verkleideten Caroline Marbouty nach Italien. Empfang bei Talleyrand.

1837 Erneut Schulden, weil sein Verleger Werdet bankrott macht. Gräfin Guidoboni-Visconti begleicht Balzacs Verbindlichkeiten. Balzac erwirbt den Landsitz Les Jardies und verschuldet sich erneut.

1838 Treffen mit George Sand. Reise nach Sardinien, dort erfolglos als Aktionär einer Silbermine. Balzac zieht zusammen mit dem Ehepaar Guidoboni-Visconti in Les Jardies ein.

1839 Zu Balzacs Bekanntenkreis zählen mittlerweile Heinrich Heine und Victor Hugo.

1840 Erstmalige Verwendung des Titels *Menschliche Komödie*. Das Theaterstück *Vautrin* wird wegen Skandals verboten, weil die Maske des Hauptdarstellers zu sehr dem Bürgerkönig Louis-Philippe gleicht. Balzac gründet die Zeitschrift *Revue Parisienne*, von der jedoch nur drei Ausgaben erscheinen. Balzac verkauft Les Jardies, verliert dadurch Vermögen und zieht in die Pariser Rue Basse.

1841–1842 Balzac unterschreibt einen Verlagsvertrag für die *Menschliche Komödie*. Tod des Ehemannes von Gräfin Hańska.

1843 Bekanntschaft mit Hans Christian Andersen. Balzac will Gräfin Hańska heiraten, reist zu ihr nach St. Petersburg und kehrt krank zurück.

1844–1846 Ungeachtet seiner schlechten Gesundheit schreibt Balzac wie im Fieberrausch. Er reist mit Gräfin Hańska und deren Tochter nach Italien. Kauf des Hauses in der Rue Fortunée in Paris, heute Rue Balzac. Ernennung zum Ritter der Ehrenlegion.

1847 Balzac setzt Gräfin Hańska zu seiner Universalerbin ein. Reise zu Schloss Wierzchownia (Ukraine / damals Russisches Reich), wo er bis Februar 1848 bei Gräfin Hańska bleibt.

1848–1849 Erfolglose Kandidatur für die Assemblée Constituante (Verfassunggebende Nationalversammlung). Ebenso Ablehnung seiner Aufnahme in die Académie française. Sein Stil gilt der professionellen Literaturkritik als zu formlos und unseriös. Victor Hugo und Alphonse de Lamartine stimmten jedoch für ihn. Erneute Reise zu Gräfin Hańska, bei der er bis 1850 bleibt.

1850 Heirat mit Gräfin Hańska in Berditschew bei Kiew. Balzacs Gesundheitszustand verschlechtert sich auf der Rückreise nach Paris. Zu Hause angekommen wird er bettlägerig. Tod Balzacs am 18. August.

Literaturverzeichnis

Honoré de Balzac, »Voyage de Paris à Java«, in: *Revue de Paris*. Tome Quarante-Quatrième, Paris, rue des Filles Saint-Thomas, No. 17, 25. November 1832, S. 217–250.

Honoré de Balzac, »La Chine et les Chinois«, in: *La Législature: journal des deux chambres, politique, commercial, industriel, agricole, littéraire et scientifique*. N° 80, 14 oct 1842 / N° 81, 15 oct 1842 / N° 83, 17 oct 1842 / N° 84, 18 oct; 1842 / Dans la rubrique »Variétés«: La Chine et les Chinois / Honoré de Balzac /, Paris 1842, rue du Cadran No. 9.

Honoré de Balzac, *Œuvres diverses II*. Bibliothèque de la Pléiade, Édition publiée sous la direction de Pierre-Georges Castex. Paris Gallimard 1996, S. 1141–1171 und S. 1767–1795.

Honoré de Balzac, *Nouvelles et contes II. 1832–1850*. Édition établie, présentée et annotée par Isabelle Tournier. Paris Gallimard 2006, S. 46–73.

Véronique Bui, »Histoire d'un détournement: le compte rendu de *La Chine et les Chinois* par Balzac«, in: *Le Courrier balzacien*, Nr. 21/22, publié par la Société des Amis d'Honoré de Balzac et de la Maison de Balzac, Paris 2012, rue Raynouard, S. 41–56.

Véronique Bui, »Auguste Borget, peintre, voyageur et humaniste«, in: *Le Courrier balzacien*, Nr. 21/22, publié par la Société des Amis d'Honoré de Balzac et de la Maison de Balzac, Paris 2012, rue Raynouard, S. 59–75.

Hans-Günter Funke, *Reise nach Utopia: Studien zur Gattung Utopie in der französischen Literatur*. Politica et Ars, Interdisziplinäre Studien zur politischen Ideen- und Kulturgeschichte, Bd. 7, Münster 2005.

Vicomte de Spoelberch de Lovenjoul, *Une Page Perdue de H. de Balzac, Notes et Documents*. Société d'Éditions Littéraires et Artistiques, Librairie Paul Ollendorff, Paris, 50 chaussée d'Antin, Paris 1903, S. 64 f., S. 70 und S. 75 f.

Editorische Notiz

Textgrundlage der vorliegenden ersten deutschen Übersetzung des Artikels *China und die Chinesen* ist der französische Originaltext in der Zeitschrift *La Législature: journal des deux chambres, politique, commercial, industriel, agricole, littéraire et scientifique* N° 80, 14 oct 1842 / N° 81, 15 oct 1842 / N° 83, 17 oct 1842 / N° 84, 18 oct 1842 / Dans la rubrique «Variétés»: La Chine et les Chinois / Honoré de Balzac /, rue du Cadran No. 9, 1842.

Textgrundlage der vorliegenden deutschen Übersetzung des Artikels *Reise von Paris nach Java* ist die Druckfassung *Voyage de Paris à Java / De Balzac, Aix-les-Bains, Septembre 1832* in der Zeitschrift *Revue de Paris*, Tome Quarante-Quatrième, Paris, rue des Filles Saint-Thomas, No. 17, 25. November 1832, S. 217–250.

Die zensierten, von der Zeitschrift nicht veröffentlichten Textpassagen aus dem Balzac-Manuskript sowie Auszüge aus dem Briefwechsel zwischen Pichot und Balzac wurden dem Band *Vicomte de Spoelberch de Lovenjoul: Une Page Perdue de H. de Balzac, Notes et Documents*, Société d'Éditions Littéraires et Artistiques, Librairie Paul Ollendorff, Paris, 50 chaussée d'Antin, Paris, 1903, S. 64 f., S. 70 und S. 75 f. entnommen.

Honoré de Balzac, 1799 in Tours geboren, gilt neben Stendhal und Flaubert als Wegbereiter des literarischen Realismus. Im Zentrum seines Werks steht die *Comédie Humaine*, ein vielbändiges Panorama der französischen Gesellschaft, von dem Balzac zeitlebens 91 von 137 projektierten Romanen und Erzählungen beenden konnte. Seine Texte zeichnen vor allem komplexe Charaktere und präzise, ungeschminkte Darstellungen gesellschaftlicher Realität. In der Friedenauer Presse zuletzt erschienen: *Abglanz meines Begehrens.*

Ulrich Esser-Simon ist seit mehreren Jahren freier Herausgeber, Autor und Übersetzer aus dem Englischen und Französischen.

Traumreisen erscheint als Buch der Friedenauer Presse.
Gegründet wurde die Friedenauer Presse 1963 in der Wolff's Bücherei im
Berliner Stadtteil Friedenau, dem sie ihren Namen verdankt.
Der Verleger Andreas Wolff, Enkel des Petersburger Verlegers M. O. Wolff,
veröffentlichte bis 1971 in loser Folge 36 Drucke. Von 1983 bis 2017
wurde der Verlag von Katharina Wagenbach-Wolff geführt, seit 2020 ist
die Friedenauer Presse ein Imprint des Verlags Matthes & Seitz Berlin.

FRIEDENAUER PRESSE

Wolffs Broschur

Erste Auflage dieser Ausgabe Berlin 2021

© 2021 MSB Matthes & Seitz Berlin Verlagsgesellschaft mbH,
Göhrener Straße 7, 10437 Berlin
info@matthes-seitz-berlin.de

Gestaltet und gesetzt von Tom Mrazauskas, Berlin.
Verwendet wurde die Schrift Scala, entworfen von Martin Majoor.
Die Herstellung besorgte Hermann Zanier, Berlin.
Gedruckt und gebunden von Art-Druk, Szczecin.

ISBN 978-3-75180-608-4

www.friedenauer-presse.de